质性研究经典导读系列丛书

丛书主编　丁钢

质性访谈

在教育研究中「聆听」与「理解」

白　芸　著

华东师范大学出版社

·上海·

图书在版编目(CIP)数据

质性访谈:在教育研究中"聆听"与"理解"/白芸著. —上海:
华东师范大学出版社,2023
(质性研究经典导读系列丛书)
ISBN 978 - 7 - 5760 - 4092 - 0

Ⅰ.①质… Ⅱ.①白… Ⅲ.①教育研究 Ⅳ.①G40-03

中国国家版本馆 CIP 数据核字(2023)第 152377 号

质性访谈:在教育研究中"聆听"与"理解"

著　者	白　芸
责任编辑	师　文
责任校对	宋红广　眭东明
装帧设计	俞　越

出版发行	华东师范大学出版社
社　址	上海市中山北路3663号　邮编 200062
网　址	www.ecnupress.com.cn
电　话	021-60821666　行政传真 021-62572105
客服电话	021-62865537　门市(邮购)电话 021-62869887
地　址	上海市中山北路3663号华东师范大学校内先锋路口
网　店	http://hdsdcbs.tmall.com
印刷者	浙江临安曙光印务有限公司
开　本	787毫米×1092毫米　1/16
印　张	8.25
字　数	95千字
版　次	2023年9月第1版
印　次	2023年9月第1次
书　号	ISBN 978 - 7 - 5760 - 4092 - 0
定　价	39.00元

出版人　王　焰

(如发现本版图书有印订质量问题,请寄回本社客服中心调换或电话021-62865537联系)

总 序

教育学本质上是一门关于人类教育生活实践的学科,教育实践既是处理社会关系的实践,也是改造主观世界的实践,是人类实践活动的重要形式之一。

教育学的研究既需要为重要的研究问题提供合理、明确的推理过程,对其进行各种验证性研究,同时也需要通过对个体和群体的教育经验进行分析,深化与诠释生活世界的教育意义。教育研究既需要数据的积累和现象的描述,还必须深入到研究的内容、趋势、认知与评论等方面,以形成量化与质性相结合的交互分析。在这个意义上,教育研究可以采取量化研究与质性研究相结合的混合研究方法,以提升教育研究的价值。

就质性研究方法而言,它是国内外社会科学领域常用的一种实证研究方法,其目标是对人类行为和经验的解释性理解与反思,寻求掌握人们建构其意义的历程,并描述这些意义是什么,然后使用经验的观察,从探究人类行为的具体事件中产生对人类的生活状况与社会变革更清晰、更深层的思考与理解。

华东师范大学教育学部设立"教育的质性研究方法"研究生学位基础课程的宗旨在于:使学习者树立教育研究的问题意识,清晰研究立场,全面了解质性研究的理论与具体方法,体会质性研究的特点,领会各种具体方法的优势和适用价值,学会运用质性研究方法和分析软件开展质性研究设计与研究活动。

"教育的质性研究方法"课程的内容分为以下4个模块。

- 质性研究导论,旨在为学习者提供质性研究的方法论基础而设。包括质性研究的理论资源、对象与目的、选题与设计,以及文献综述、参与观察、深度访谈、成果呈现等基本方法。
- 质性研究方法专题,旨在为学习者提供结合实际需求深入学习某一质性研究方法而设。分为可供学习者选择的6门单列课程:田野研究、案例研究、行动研究、叙事研究、文化与生活史研究、扎根理论。
- 质性分析软件应用,旨在为学习者提供应用质性分析软件所需而设,建议与扎根理论学习相配合。
- 质性研究成果撰写,旨在为学习者提供更好地呈现质性研究结果的写作方法而设。包括质性报告撰写与研究评价的方式等。

为了进一步推进和深化课程的建设,以及满足研究生对于质性研究方法的深入理解和研究实践的需求,基于"教育的质性研究方法"课程团队的教学实践,我们将每种质性研究方法单独编写成书而组成了这套"质性研究经典导读"系列丛书。

其中,每种质性研究方法的编写将选择国内外相关经典著作加以导读,同时强调研究方法的程序与规范,进而对一些经典案例进行分析,并提供拓展阅读。

呈现在读者面前的这套"质性研究经典导读"系列丛书由11部著作构成。

《博观约取:文献综述导引》一书将文献综述作为研究过程不可或缺的一部分,强调文献综述乃是以研究主题或问题为中心,以既有文献为基础的博观约取的过程;同时,以哈特(C. Hart)的《文献综述:激发研究的想象力(第二版)》为典范,进一步加深对文献综述的技术化理解,从而形成对文献综述的合理认识。在此基础上,呈现从主题到问题,从文献搜集、甄选、梳理到综述撰写的一般程序及其操作规范,并结合研究领域和研究取向,选取若干具有代表性的综述文本作为案例,以为参酌。该书努力体现我国教育研究的本土特征,反映我国教育研究者的重要贡献,贴近我国教育学研究生的实际需求。

《参与观察:质性研究中的"看"与"被看"》一书旨在为参与观察方法的初学者提供可借鉴的"地图"。该书选取《参与观察法:关于人类研究的一种方法》这本经典教材进行导读,辅以人类学参与观察法的经典著作《摩洛哥田野作业反思》,以期从具体方法的使用到作为研究工具的研究者的反思,形成完整的逻辑链条,并具体介绍参与观察法的操作步骤。同时,该书选取三本以参与观察法为重要研究方法的著作,分别从研究问题与内容、研究方法与过程、研究发现、主要理论视角与论点和研究者的反思等角度对著作文本进行"方法"意义上的重构,从案例中进一步阐明参与观察法的经典使用。

《质性访谈:在教育研究中"聆听"与"理解"》一书着重指出访谈是质性研究中的重要方法。书中涵盖的阅读和领会访谈法的内涵、特点、优势、操作和分析等一系列的相关信息,对于运用与实践这种收集资料的方法来说非常必要。该书以经典导读为主线,通过介绍两本质性访谈著作和相关研究案例,为对质性研究感兴趣或开展质性研究的各类研究者提供有关访谈法的实用知识和技术,以促进质性研究与教育实证研究的发展。

《田野研究:经验正当性的现场寻求》一书为使学习者实现对于人类学田野研究更为深入的了解与理解,一方面根据人类学学科中田野研究的产生与发展的时间维度,探寻在人类学田野研究领域"里程碑"式的经典著作成果形成与发展的过程中,田野研究所承担的作用和地位;另一方面,通过经典片段导读、案例分析与拓展阅读等学习内容的安排,聚焦田野研究作为研究方法的正当性(validity)问题,分析与考察其作为跨越自然科学与社会科学的一种现场经验研究方法所包含的相关研究规范。学习者通过阅读与思考,不仅能拓宽专业研究方法的视野,而且能初步了解和掌握人类学田野研究作为研究方法的基本规范和关键要求。

《教育科学案例研究方法:导读与范例》一书在经典导读部分通过与经典文献的对话,展示案例研究方法在教育理论构建与实践检验中的不同研究取向与特征,关注研究规范涉及案例研究方法的策略与步骤;进而在案例分析部分详细描述具体案例的研究过程与方法,并在拓展阅读部分简要介绍案例研究方法的主要文献。

《行动研究经典导读:教育研究中的实践、批判与反思》一书通过对经典著作与案例的导读,向学习者介绍行动研究的理论基础与实践方式。主要内容包括行动研究的历史溯源、主要流派与特点,以及"做"行动研究的基本方法,旨在帮助学习者全面了解行动研究理论的历史背景,判断行动研究方法的适用情境,并培养学习者独立设计、实施行动研究的基本能力。

《教育叙事研究:经典与案例导读》一书旨在帮助学习者理解叙事探究的立场、观点和方法,以开辟教育研究的新路向——关注个体的教育生活,把握其生活经验的连续性和交互性,以深度描述和诠释的方式探索、穿透和揭示其生活经验的意义。

《凝视日常:生活史的研究理路与写作案例》尝试融合历史学的方法及教育学的关怀,呈现与生活史研究相关的学理基础、学术历程、写作要领、范例评介及书目解题,以帮助读者按图索骥、登高行远;同时,融入对于教学过程的部分记录、引证和反思,以期实现教学相长。该书尝试体现史学的素养与思维对于人文社科学术可能的"通用"贡献,并透过研究者自身的躬亲与省思,强调生活史研究"因人、属人、为人"的核心关怀。此外,该书通过对生活史研究取径的优长之处及可能局限的分析,提示学术研究中技术、方法、视野、理论诸种层次的互动必要与进阶可能。

《扎根理论经典导读与实作》一书通过对扎根理论经典的导读、介绍与解读方法、研究案例研讨、拓展阅读等方式,帮助学习者提高对本研究方法的认识、理解,使其形成运用扎根理论构建理论的能力。该书内容涉及扎根理论经典导读、作为研究方法的基本程序和技术介绍、应用该研究路径的常见问题等。

《质性分析软件 NVIVO 的应用》一书通过介绍 NVIVO 的基本操作,包括项目管理、编码、查询、数据整合、可视化、多媒体数据处理、图和报表等功能,对使用 NVIVO 进行质性分析的常用策略和步骤进行解析。同时,通过三个具体的案例,说明使用 NVIVO 进行开放式问卷的分析、文献综述以及完整的研究设计的方法。对于不倾向于特定的方法论,且需要处理大量无结构或半结构化数据的研究者而言,NVIVO 运用定性分析技术来组织、分析和共享数据,是目前最合适的质性分析工具,同时也为使用混合方法的研究人员提供了借鉴。

《从生活到理论:质性研究写作成文》一书在理论层面结合国内外关于质性研究写作的著述、教材和论文,在实践层面以学习者在习作中遇到的困惑和问题为着力点,力求在参考性、操作性,以及具体到质性研究写作的格式、语言、时间管理、谋篇布局和发表交流等层面,用贴近学习者经验的语言,针对普遍的困惑,提供有参考意义的建议。针对质性研究报告或论文的每个主要组成部分,该书逐一分析各个部分写作的原则、类型、注意事项,并且引证正面和反面案例进行分析说明。

这是一套基于课程教学实践的著作系列,此系列不仅关注研究方法的实用性和理论的前沿性,也具有很强的可读性和对教育质性研究方法运用的导向性;既可以作为学习者课堂学习的延伸阅读,也可以为有需要的学习者自学所用。如果能为读者分享而有所启迪,我们便达成了心愿。

丁　钢
2020 年 1 月 31 日

| 目 录 |

引言   1

第一章   经典导读：两本质性访谈著作中的启示   1
    一、访谈是一种研究性的专业会话   5
    二、基于现象学的深度访谈具有独特价值   24
    三、进一步了解质性访谈丰富多样的类型与形式   32

第二章   方法技术：怎样提问、聆听与记录   53
    一、质性访谈的准备工作   55
    二、访谈过程中的表达、聆听与回应   71
    三、访谈资料的整理   86

第三章   案例分析：如何在解读与反思中建构   99
    一、《旅居者和"外国人"——留美中国学生跨文化
        人际交往研究》：走进他人内心世界的访谈   101
    二、《变革学校——一位中学校长的口述史》：共寻
        教育梦的访谈   110

后记   116

| 引 言 |

当下,实证研究日益受到我国学者的进一步重视,但很多人将实证研究等同于定量研究,认为唯有数据和分析才算实证研究,这是对实证研究的一种窄化。其实,质性研究也是体现实证研究特点的一种重要范式,而且更强调教育研究的人文性、诠释性、整体性,体现着独特的魅力和优势。根据研究需要,有时将质性研究与定量研究恰当地结合使用,更有助于教育研究的深入开展。质性研究可以被认为是"以研究者本人作为研究工具,在自然情境下采用多种资料收集方法,对社会现象进行整体性探究(主要使用归纳法分析资料和形成理论),并通过与研究对象互动对其行为和意义进行建构,从而获得解释性理解的一种活动"[①]。质性研究是一个跨学科、超学科的领域,常常被运用到人类学、社会学、教育学、心理学、历史学、管理学、政治学等多个学科的研究中。质性研究是一种需要研究者自己切身来体悟的活动,是一种不一定能被教师在课堂上用语言直接"教"会,而是要自己亲自动手"做"才能有所体会和感悟的方法。访谈法、观察法和实物分析法是质性研究收集实地资料的基本方法,其中,访谈法在质性研究中是运用最为普遍的一种方法,掌握访谈法的理论与实践技巧非常必要。同时,访谈法也是一种能更好地走入人们对生活世界的基本体验的研究方法[②]。质性访谈不仅可以使研究者触

---

① 陈向明.质的研究方法和社会科学研究[M].北京:教育科学出版社,2000:12.
② [丹麦]斯丹纳·苛费尔,斯文·布林克曼.质性研究访谈[M].范丽恒,译.北京:世界图书出版公司,2013:31.

及问题的真相——这是人们主观经验和态度所无法提供的,还可以帮助研究者解决在研究中因时间、空间、距离等带来的问题。例如,过去的事情或太久远的经验可以通过访谈当事人回顾式的讲述来获得信息并进行研究。

访谈法由研究者一方作为访谈者,通过向研究对象发问来收集其语言资料,从而获得有关研究对象的具体情况的信息,包括他们是怎样解释和思考自己的内心世界与现实生活世界的,然后对这些信息加以分析,以达到研究目的。① 在访谈中,主要采用访谈者一方向受访者发问,而非双方的随意交谈和聊天的形式。访谈法的具体运用需要依据质性研究的基本要求,把握访谈的基本原则和各种技巧。能否顺利地实施访谈并获得大量的实地资料,对于质性研究的推进具有至关重要的作用。

为此,阅读和领会访谈法的内涵、特点、优势、操作及分析等一系列的相关信息,对于运用并实践质性研究来说非常必要。本书以经典导读为主线,通过介绍两本具有代表性的质性访谈著作,并结合多个研究案例,为对质性研究感兴趣或想开展质性研究实践的各类研究者提供有关访谈法的知识原理和实用技术,旨在促进质性研究与教育实证研究的发展。

---

① 白芸.质的研究指导[M].北京:教育科学出版社,2001:42.

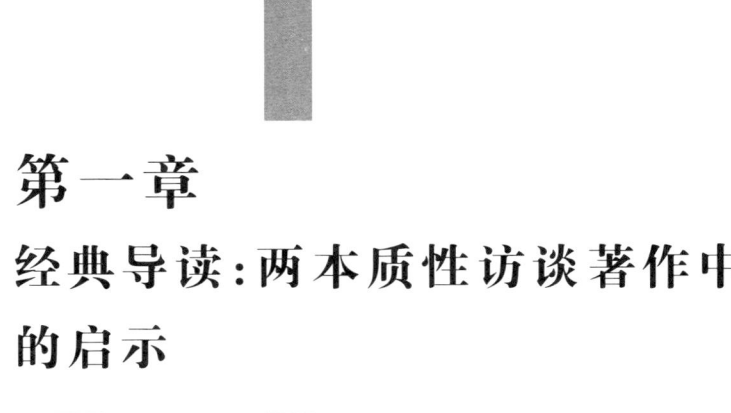

第一章

经典导读：两本质性访谈著作中的启示

本书以两本颇为经典的质性访谈著作为基本资料进行质性访谈方法的解读与导读。它们分别是：丹麦学者斯丹纳·苛费尔和斯文·布林克曼著的《质性研究访谈》[①]，以及美国学者埃文·赛德曼著的《质性研究中的访谈：教育与社会科学研究者指南》[②]。选择这两本经典著作进行导读主要是因为它们通俗易懂地从科学的教育研究视角呈现了访谈方法的相关理论和实践技术，具体、简约、明了，有助于研究者和学习者准确把握质性访谈的基本要领与操作过程。

斯丹纳·苛费尔和斯文·布林克曼著的《质性研究访谈》，是一本有关质性访谈法的高质量经典之作。在理论层面上，该书对质性访谈的界定、性质、类型以及涉及的认识和伦理问题均进行了详细的说明。在实践层面上，该书详细论述了开展一次访谈的完整流程及在这个过程中可能出现的各种问题，也介绍了访谈时的"经验法则"，提供了访谈所需的"工具箱"[③]。该书中呈现了三个重要观点，即质性访谈不仅仅是一种技术，是一种知识的社会形成过程，而且是一种社会实践。该书第二版被我国学者翻译成中文出版，并得到了质性研究相关领域多名学者的推荐，大家认为这本书不仅适合质

[①] [丹麦]斯丹纳·苛费尔,斯文·布林克曼.质性研究访谈[M].范丽恒,译.北京：世界图书出版公司,2013.

[②] [美]埃文·赛德曼.质性研究中的访谈：教育与社会科学研究者指南[M].周海涛,主译.重庆：重庆大学出版社,2009.

[③] [丹麦]斯丹纳·苛费尔,斯文·布林克曼.质性研究访谈[M].范丽恒,译.北京：世界图书出版公司,2013:343.

性访谈的初学者,对其他研究者来说也同样适用。《质性研究访谈》不仅呈现了对访谈的概念性理解和思考,也提供了许多具体的访谈案例和习得访谈技术的练习建议,以生动易懂的语言和丰富具体的案例为读者呈现了提高质性访谈研究品质的可行性。《质性研究访谈》主要包括两方面内容:一是研究性访谈的概念化,二是研究性访谈的步骤。这本书的两位作者,斯丹纳·苟费尔和斯文·布林克曼,都是丹麦奥胡斯大学质性研究中心的研究人员,具有长期从事心理学专业领域研究的积累。斯丹纳·苟费尔教授是质性研究中心主任,他长期致力于现象学、诠释学、辩证法等哲学领域的研究,这对于教育学和心理学具有重要的启示作用,尤其是对研究方法论有奠基作用。访谈法是人与人之间通过倾听来理解和分析的方法,有着心理学背景的苟费尔教授的写作视角是很独到的,遗憾的是这位卓越的研究者已经于2008年逝世。斯文·布林克曼参与了该书第二版的写作,他主要致力于质性研究方法、心理哲学及人类科学(尤其是诠释学、后现代主义和实用主义)等领域的研究工作。

在《质性研究中的访谈:教育与社会科学研究者指南》这本书中,埃文·赛德曼尤其关注如何开展深度的现象学访谈方法,其提供的原理和技巧也适用于其他访谈法。这是一本简明而实用的指导书。作者埃文·赛德曼是美国马萨诸塞大学教育学院专门从事质性研究方法及高中教师教育领域的教授,在教师专业发展和研究能力提升方面有着理论结合实践的思考与研究。埃文认为,听故事是理解、认知的一种方式,讲述故事实际上是一个意义生成的过程。人们在讲述故事时,他们从意识流中挑选自己经历的细节,这对于理解复杂的社会和教育问题很有帮助[①]。语言是人类表达和描绘自己经历的主要手段,而通过访谈恰好可

---

① [美]埃文·赛德曼.质性研究中的访谈:教育与社会科学研究者指南[M].周海涛,主译.重庆:重庆大学出版社,2009:7.

以使一些人讲述自己的经历、认识和思考等。埃文认为,深度访谈的目的并不在于解疑释惑,也不在于验证假设,抑或是评价,而在于了解他人的"鲜活"经历,理解他们对其经历生成的意义。因此,访谈者要将自己的意见收敛起来,在基于对他人故事感兴趣的、认为有价值的前提下,去聆听和理解受访者的故事[①]。这就一语中的地点明了质性研究者在访谈过程中的基本研究立场和行为准则。

为此,围绕上述这两本经典著作的介绍来呈现质性访谈的相关原理和技术,是本书的基本出发点。本章内容主要以对这两本经典著作的梳理和分析为主,其中《质性研究访谈》是主线,《质性研究中的访谈:教育与社会科学研究者指南》为补充。

一、访谈是一种研究性的专业会话

在人文社会科学尤其是教育科学研究中,恰当有效地运用各种研究方法的前提是理解和把握好这些方法背后的理论基础与方法论。访谈法并不仅仅是在操作层面掌握一些技巧就能获得研究资料的。斯丹纳·苛费尔和斯文·布林克曼认为,访谈会话是一种有结构和目的的观点互动,它不同于日常会话中双方自发地进行观点交流的形式,是一种以获得经过充分验证的知识为目的、需要谨慎提问和倾听的方法[②]。

---

① [美]埃文·赛德曼.质性研究中的访谈:教育与社会科学研究者指南[M].周海涛,主译.重庆:重庆大学出版社,2009:9.
② [丹麦]斯丹纳·苛费尔,斯文·布林克曼.质性研究访谈[M].范丽恒,译.北京:世界图书出版公司,2013.

（一）质性访谈的现象学理论基础

现象学对质性访谈的意义深远，它强调对人们生活世界的理解。质性访谈希望获得对受访者生活世界的描述以及对这些描述现象的含义做出解释，从而对受访者的观点加以理解。可以说，质性访谈是一种能更好地进入人们对生活世界的基本体验的研究方法[①]。

1. 质性访谈的特质分析

斯丹纳·苛费尔和斯文·布林克曼认为，从现象学的视角看，质性访谈有12个具体特质可以形象地说明其特点[②]。

（1）生活世界。质性访谈在允许访谈者进入和描述日常生活世界上有着其独特的优势，这有助于他们更好地了解人们对生活世界的基本体验。

（2）意义。访谈要尽可能地解释受访者生活世界的中心主题的意义。访谈者需要认真聆听受访者的明确表述及其所表达的含义，也要听出其所表达内容背后的言外之意并进行分析。

（3）质性资料。质性访谈探寻以日常用语表达的质性知识，从而获得语言性资料而非数字等精细定量资料。

（4）描述性的呈现。访谈者会引导受访者详细深入描述他们的日常生活体验、感受和行为方式。

（5）具体性的素材。访谈者要尽量获取受访者提供的具体层面上的含义，而不是一般观点。

（6）开放性的研究。访谈者要时刻以开放的态度对待新的和意想不到的现象，不能用预设的分类和解释图式来获得信息。

---

① [丹麦]斯丹纳·苛费尔,斯文·布林克曼.质性研究访谈[M].范丽恒,译.北京:世界图书出版公司,2013:31.
② [丹麦]斯丹纳·苛费尔,斯文·布林克曼.质性研究访谈[M].范丽恒,译.北京:世界图书出版公司,2013:32—34.

（7）聚焦的提问。访谈并非漫无目的和无方向的，要聚焦在特殊的主题上，但却不要求有标准化问题和严格结构化的提问。

（8）模糊。访谈者要有心理准备，受访者的回答有时是含糊其词、模棱两可的，也可能会自相矛盾，但访谈者要尽可能弄清楚造成这些情况的真实原因。

（9）变化。访谈过程是动态变化的，受访者可能会改变对某个主题的描述和态度，从而也会促使访谈者意识到新的切入点，进入彼此获得学习的过程。

（10）敏感性。不同的访谈者对访谈主题的敏感度、相关知识背景的把握情况以及基于自身阅历的理解等会有一定差异，所以需要在准备阶段就有所考虑。

（11）人际间的情境。访谈过程也是访谈者与受访者之间的互动和理解过程，存在着人际间的动态变化因素。

（12）积极体验。一项准备充分、设计合理、操作得当的访谈对于访谈者来说是一种积极体验和领悟过程，也会促进受访者的积极体验和感受，并使受访者在这个过程中被恰当理解和获得更多领悟。

以下是质性访谈的 12 个层面及特征[①]。

（1）生活世界。质性访谈的话题是受访者的日常生活世界及其与其生活世界的关系。

（2）意义。访谈要尽可能地解释受访者的生活世界中关键主题的意义。访谈者记录受访者所讲述的内容和讲述方式，并解释其意义。

（3）质性的。访谈探寻以日常用语表达的质性知识，目的并不在于量化。

[①] ［丹麦］斯丹纳·苟费尔,斯文·布林克曼.质性研究访谈[M].范丽恒,译.北京:世界图书出版公司,2013:30.

(4) 描述性的。访谈希望获取对受访者生活世界不同方面的、开放的、细致入微的描述。

(5) 具体性。访谈得出的是对具体情境和一系列行为的描述,而不是一般看法。

(6) 开放性。访谈者以开放的态度对待新奇和意外的现象,而不是使用预制的分类和解释图式。

(7) 聚焦的。访谈聚焦于特殊的主题,它既不是有严格结构的标准化问题,也不是完全漫无方向的。

(8) 模糊。受访者的陈述有时可以是模糊的,反映其生活世界的矛盾性。

(9) 变化。受访者在接受访谈的过程中可能会产生新的见解和认识,他会改变自己对某一主题的描述和意义。

(10) 敏感性。不同的访谈者由于对访谈话题的敏感性和相关知识的掌握度不同,从而会对同一个主题做出不同的陈述。

(11) 人际间的情境。所获得的知识是由访谈中人际间的相互作用而产生的。

(12) 积极体验。一项设计良好、操作得当的研究性访谈对于受访者来说是一次宝贵而丰富的体验,他可以获得对自己生活环境的新见解。

上述12个特征,可以说是作者斯丹纳·苛费尔和斯文·布林克曼从现象学的视角阐释了为什么质性访谈是一种能更好地走进人们对生活世界的基本体验,并体现同理心的理解性的研究方法,主要表现为其体现了访谈双方的互相理解和互动。

2. 关于访谈中"权力不对称"现象的探讨

斯丹纳·苛费尔和斯文·布林克曼强调指出,质性访谈中实际也存在"权力不对称"现象,即质性访谈并不是平等的双方之间完全开放和自由发散的会话。也就是说,访谈者要在做好一定准备的前提下发起访谈,根据研究需要限定好访谈的主题、情境、具体的问题、选择追问的时机以及何时终止访谈等,访谈过程是单向的,受访者始终是整个访谈过程中的回答者,为访谈者提供可以用来分析、理解和研究的素材。所以在质性研究这种平等的、人性化的研究范式下,访谈者应于访谈开展过程中注意这个"权力不对称"的问题,并且适当地加以调适,以合作、互惠的方式降低双方在权力上的不对称现象,从而保持一种权力平衡[1]。不过,在访谈过程中访谈者也要注意受访者的"反控制"[2],比如受访者"顾左右而言他"似地答非所问,或向访谈者提问,或反问、质疑、提出异议,甚至退出访谈。

斯丹纳·苛费尔和斯文·布林克曼将哲学中的对话式访谈与心理学中的治疗性访谈引入质性访谈方法的对比中,从而使我们更好地把握访谈的理解意义。哲学对话在形式上是平等的,通过辩论和相互提问的方式了解知识、阐述观点,在争论和对话中获得知识、增进理解,把会话对手的"意见"变成"认识"[3]。这对质性访谈的启示在于:我们不仅可以通过访谈获得关于人们的经历、叙事以及梦想的重要描述和"意见",将其作为形成"认识"的谈话方式;还可以在解读与分析访谈资料的过程中进一步理解或质疑受访者的生活经历背后的意义建构及缘由,这对于形成"认识"和推论式地证明一些个人知识是有价值的。但是,哲学对话是互相的、争论式的,甚至"对抗式"的互动,这对访谈中的提问或追问很有

---

[1] [丹麦]斯丹纳·苛费尔,斯文·布林克曼.质性研究访谈[M].范丽恒,译.北京:世界图书出版公司,2013:35—36.
[2] [丹麦]斯丹纳·苛费尔,斯文·布林克曼.质性研究访谈[M].范丽恒,译.北京:世界图书出版公司,2013:36.
[3] [丹麦]斯丹纳·苛费尔,斯文·布林克曼.质性研究访谈[M].范丽恒,译.北京:世界图书出版公司,2013:37—39.

启示,而访谈中的会话并不是互动式交谈,访谈者也不能根据自己的主观臆断对受访者所说的进行现场判断和评价。当然,质性访谈想要获得的究竟是意见性的还是认识性的呢?对于这个问题,学者们是持不同观点的。其实,两者都是访谈的目标,但应以意见性的为主。受访者通过回答或叙述自己在生活世界中的体验、认识、判断等,为研究提供理解、分析和解释的来源。

学者们认为,治疗性访谈体现了人际情感互动,而且往往先由来访咨询者(受访者)主导整个会话,咨询师(访谈者)以重复和改述对方话语、强调语话中的情感因素的方式来回应和指导受访者,使受访者对自己所说的话及表达的情绪产生情感上的领悟,从而促进其战胜自己所经受的精神痛苦并在某些方面发生认识上的改变,以达到治疗的效果。所以,提倡这一观点的学者往往将治疗性访谈看作是一种研究与治疗相结合的研究方法。[①]当然,从研究伦理的角度来看,质性访谈与这种精神分析式的治疗性访谈有着根本上的差异:质性访谈对受访者不以介入性改变为目的,只是希望在某种程度上能激发受访者通过思考和回答访谈者的提问而受到启示或得以反思,这有助于访谈者获得受访者表达出的访谈事实、知识或观点,进而增进解释、理解和分析,这对提升研究质量是有益的。另外,这种精神分析式的治疗性访谈思路对质性访谈的提问、回应和解释模式也有一定的启示。所以,质性访谈者应熟悉精神分析理论且在开展访谈过程中产生体悟,并进行结合。

斯丹纳·苛费尔和斯文·布林克曼将对话式访谈、治疗性访谈与质性访谈联系在一起进行比较和分析,体现了三者在对人的研究上的共性,有助于我们进一步把握质性访谈的本质和开展访谈的具体要领。

---

① [丹麦]斯丹纳·苛费尔,斯文·布林克曼.质性研究访谈[M].范丽恒,译.北京:世界图书出版公司,2013:42—49.

（二）质性访谈的认识论立场

质性访谈是一种特殊形式的会话实践，了解不同的认识论的阐释，有助于我们理解访谈的各种理论和实践方式。

1. "矿工"及"旅行者"的对照比喻[①]

斯丹纳·苛费尔及斯文·布林克曼用两个对照的比喻诠释了访谈的两个不同的认识论概念。访谈者的访谈过程如同矿工挖掘矿藏一样，他们从受访者的内心世界与话语中去挖掘和发现知识。访谈者要在受访者不受到任何引导和暗示的情况下，"原汁原味"地发现和揭示出他们的纯粹经验。这对访谈者的要求其实是比较高的。另一个比喻是将访谈者比作旅行者。访谈者在旅途中与受访者一起漫步，甚至居住在当地，听受访者讲述所见、所闻、所感，将其原始故事中的意义加以诠释后，再有差别地讲给家乡其他听众听，从而形成一个不断建构知识和意义的过程。这种旅行不仅吸纳了新的知识，还激发了访谈者对新的自我理解方式进行思考，从而使自己变得更完善。

这两种比喻分别表达了访谈知识是被给予的还是被建构的。访谈是侧重于实地资料和数据的收集，还是侧重于结合分析过程的知识建构的交织，其实是以简单的二分法来说明访谈知识中那些复杂的、受到质疑的概念。访谈者可以通过开展访谈来进行知识采集或知识建构，这二者其实并不对立，可以是两种侧重点，也可以是两个发展阶段。

2. 多元认识论概念下的七个特征

斯丹纳·苛费尔及斯文·布林克曼认为，不同的认识论支撑着不同的访谈概念和实践模式。为此，他们又从后现代主义思想、诠释学和实

[①] ［丹麦］斯丹纳·苛费尔,斯文·布林克曼.质性研究访谈[M].范丽恒,译.北京:世界图书出版公司,2013:52—53.

用主义的知识概念及认识论立场分析了其对质性访谈方法的影响。后现代认识论认为访谈是知识产生和人际互动的场所,它关注语言和互动的层面,以及在访谈过程中建构的叙述等;诠释学是为了获取一种对文本(包括演说、行为)既有效又通用的理解方式;实用主义有助于促使访谈者关注他们"正在做什么"这一实践层面。为此,他们认为访谈知识有七个主要特征:产生的、相关的、会话的、情境的、语言的、叙事的、实用的。这些特征不仅是访谈知识固有的特征,同时也是访谈提供的知识客体的特征。①

进而,由于质性访谈法具有较强的灵活性、深入性、全面性,通过访谈可以了解到研究对象的所见、所行、所想(包括价值观念、情感感受、态度、动机和行为规范),包括他们过去的经历和耳闻目睹的有关事件及其自己的看法,同时可以就某个问题或事件的不同视角和侧面进行深入细致的描述。访谈法特别适用于当研究的兴趣比较明确、研究场所和研究对象不可接近,或研究场所和研究对象比较广泛时。不同的研究者在研究中兴趣的明确性有所不同,从不同视角开展访谈以使受访者表露出其主观观点和内心世界,最终得以设身处地地进入他们的经验,这是访谈法的特征和优势。

(三) 质性访谈的伦理问题

1. 研究伦理的重要性

20世纪以来,世界各国学术研究历程中被研究者的安全和伦理问题越来越多地得到了学者们的关注。20世纪70年代美国的《贝尔蒙报告》就明确说明了人体对象作为被研究者的关键性伦理问题。《贝尔蒙报

---

① [丹麦]斯丹纳·苛费尔,斯文·布林克曼.质性研究访谈[M].范丽恒,译.北京:世界图书出版公司,2013:51—60.

告》确立了在与人类相关研究中必须遵守的三条基本伦理准则:一是尊重个人,尊重个人自主权和个人的需要,保护研究参与者的自主权不被削弱;二是善行,尽可能增加好处,减少潜在的害处;三是公正,研究必须考虑被研究者的平等选择以及公平对待,共享研究带来的积极效益①。

因为访谈的对象是人,所以伦理关怀是质性研究不可回避的重要问题。在质性访谈开展的全过程中,都要考虑潜在的和显性的伦理问题。传统上,伦理关怀主要涉及知情同意、隐私权和避免伤害②。研究者或访谈者③应告诉受访者有关这项研究的情况,并只有在得到受访者的同意后才可以实施访谈;同时,在整个访谈和研究过程中,要保护好受访者的身份、其他个人信息等,以及受访者不希望被他人知晓的信息,并避免对受访者造成身体、情感或其他方面的伤害。

2. 访谈需遵守的伦理原则

斯丹纳·苟费尔和斯文·布林克曼认为,一项访谈调查就是一项道德事业。道德问题不仅涉及访谈所使用的方法,同时也涉及访谈调查的结果④。他们在书中罗列了七个研究阶段中的伦理问题:确定主题、设计、访谈情境、转录、分析、验证和报告⑤,也就是说,研究伦理问题是贯穿在整个质性研究过程中的。在一些情况下,研究者需要提交研究设计方案给伦理委员会进行审查,这对于质性研究来说,有时是很具有挑战

---

① [美]埃文·赛德曼.质性研究中的访谈:教育与社会科学研究者指南[M].周海涛,主译.重庆:重庆大学出版社,2009:63.
② [美]诺曼·K.邓津,伊冯娜·S.林肯.定性研究:经验资料收集与分析的方法[M].风笑天,等,译.重庆:重庆大学出版社,2007:701.
③ 有时研究者不直接开展质性访谈,而是安排自己研究团队的其他成员实施访谈,或委托其他访谈团队来承担访谈任务。在本书中,"研究者"泛指开展教育研究的人,"访谈者"特指做质性访谈的人。
④ [丹麦]斯丹纳·苟费尔,斯文·布林克曼.质性研究访谈[M].范丽恒,译.北京:世界图书出版公司,2013:68.
⑤ [丹麦]斯丹纳·苟费尔,斯文·布林克曼.质性研究访谈[M].范丽恒,译.北京:世界图书出版公司,2013:69.

性的。

但无论如何,在访谈和研究过程中保护受访者是第一要务,在此前提下,研究者需遵守以下四个伦理原则①,并根据具体研究情境加以灵活运用。

第一,做到知情同意。研究者要将总体研究目的、访谈目的和内容、受访者可能出现的风险或受益等情况告知受访者。当然,前提条件是受访者自愿参与并有权中途退出,且参与研究要得到受访者相关监护人或负责人的许可。访谈双方签署书面协议是一种有效保护措施。对于未成年人来说,研究者只有征得其本人和其家长(监护人)、就读学校的校长和教师的同意后才能有序开展访谈调查,从而保障研究的持续开展和后续研究成果发布等方面的安全。

埃文·赛德曼在《质性研究中的访谈:教育与社会科学研究者指南》里呈现了一份适用于深度访谈的知情同意书,主要包括八部分的内容,对研究者有一定的启示。知情同意书的撰写和语言表达要考虑到受访者的理解水平和阅读习惯。具体来说:第一部分应简要说明要开展的这项访谈研究的基本情况,包括研究目的、怎样进行、需要多长时间、研究是否有资助、受访者邀请函的具体内容等;第二部分应说明风险问题,即受访者可能会因参与访谈而遇到的损伤和不适等潜在危险;第三部分是说明受访者的权利,包括自愿原则,如果受访者拒绝参与或中途退出也不会受到惩罚;第四部分应列出可能的利益,尤其是对受访者可能带来的特殊收益,包括荣誉、机会或经济等方面;第五部分是强调记录的保密性;第六部分是说明研究者打算如何发布该研究结果,并对受访者所陈述话语的运用范围进行明确说明,如是在论文、著作或演讲中使用等;

---

① [丹麦]斯丹纳·克费尔,斯文·布林克曼.质性研究访谈[M].范丽恒,译.北京:世界图书出版公司,2013:77—82.

第七部分主要是研究者对18岁以下的未成年受访者做出特殊规定的说明,包括要经得其父母或监护人的许可才能参与该研究或接受访谈;第八部分就是研究者的联系信息,以及联系相关研究伦理审查委员会的方式[①]。

第二,资料保密。受访者在访谈中提供的各种个人信息和回答资料都是要严格保密、不能外传的,不可以随意告诉他人。如果研究成果对外发表时需要涉及一些具有潜在识别性的个人资料,必须获得受访者本人的知情同意,如上所述要在知情同意书里明确说明。对受访者个人隐私的保护是更加重要的伦理问题,需要研究者在分析、呈现和描述或发表引用中进行保护性处理。其中,对于一些敏感信息要恰当处理,以代号、化名及经过处理的相关背景信息来呈现,以免受访者被他人识别或对号入座,从而对其造成某方面的伤害或困扰。当受访者在访谈中决定退出时,无论是刚开始不久还是已经接近尾声,都有从访谈者手里撤回访谈材料的权利,也拥有访谈材料被研究者引用和发布前的审核权利。

第三,预估研究结果对参与研究的受访者的潜在影响,尽可能地体现潜在受益而减少或避免伤害。质性研究结束后,其对受访者可能造成的不良影响或有利之处均应在结果中详细报告[②]。对于预期会出现的一些违背伦理的行为,比如不注意口语和书面语之间的差异性,就有可能伤害到受访者的自尊。这种情况一般发生在研究者(访谈者)将逐字转录的访谈记录稿交给受访者进行检查和确认时。因此,研究结果报告的不确定性可能是伦理问题中最复杂的一个[③]。一般情况下,在研究者完

---

① [美]埃文·赛德曼.质性研究中的访谈:教育与社会科学研究者指南[M].周海涛,主译.重庆:重庆大学出版社,2009:67—68.
② [丹麦]斯丹纳·苛费尔,斯文·布林克曼.质性研究访谈[M].范丽恒,译.北京:世界图书出版公司,2013:80.
③ [丹麦]斯丹纳·苛费尔,斯文·布林克曼.质性研究访谈[M].范丽恒,译.北京:世界图书出版公司,2013:80.

成研究报告后,对于涉及访谈分析的内容和观点,需要给受访者阅读并协商一致,有时也需要以共同署名的形式作为对受访者的回馈。

第四,研究者的角色要时刻体现研究操守,这也直接影响质性研究的结论科学与否。在质性访谈中,研究者常常会在保持研究的专业距离和维持与受访者私人的伙伴关系之间进行平衡的把握,而受访者往往会忽略这个问题[①]。比如,受访者有时会向访谈者寻求帮助或指导,或请访谈者解答其在某个方面的疑问,或延续一种超越研究合作关系的友谊。关于访谈或研究结束后访谈者是否可以和受访者保持联系或交往的问题,学者们持有不同的观点。

上述这四个方面是质性访谈中需要把握的伦理原则,也是在整个质性研究过程中需要坚守的伦理界线,开展质性访谈之前拟定伦理协议很有必要,协议里要预先考虑上述七个研究阶段中的具体伦理问题。目前在各大高校和科学研究机构中的研究者,尤其是研究生在开展学位论文研究并需要以人类为研究对象进行问卷、访谈、观察等研究行为时,都要先通过伦理审查委员会的审查。这不仅有序规范了作为研究者的研究行为,使其符合伦理原则,也有助于保护受访者的合法权益。但是,关于伦理审查委员会开展审核的尺度、作风和流程等,是否需要完全采用与自然科学研究一样的规则来审核社会科学研究,以及是否需要考虑国情、传统等因素,学者们对此也持有不一致的看法,并产生了多种争议。

(四) 质性访谈技术的学习路径

斯丹纳·苛费尔和斯文·布林克曼认为,研究者可以将访谈作为一种技术来学习,并依此来界定和体会质性访谈的概念,这也是实证主义

---

① [丹麦]斯丹纳·苛费尔,斯文·布林克曼.质性研究访谈[M].范丽恒,译.北京:世界图书出版公司,2013:82.

者倡导的方法论。当然,我认为,我们不可以只将访谈作为一种技术来学习,其实,出色地从事质性访谈所需要的个人技巧和各方面素养是不能被简化为方法学的规则的①。

质性研究是以研究者本人为研究工具的,所以访谈技术是研究者需要熟练掌握的重要的专业素养之一。但是,这并不仅仅体现在技术的运用上,也体现在对受访者的关注、聆听和理解等方面的整体把握上,更体现在对访谈资料的分析、提炼和研究反思上。所以,研究者需要通过专业训练与大量练习而获得实践技能和个人洞察力,在访谈过程中更多地考虑受访者的特点、访谈内容和环境,以及访谈所要寻求的知识或信息。具体来说,可以通过以下路径来帮助研究者掌握访谈法的理论与实践。

1. 阅读关于访谈的著作或实例资料

学习任何一种研究方法,都需要先进行一定的阅读。通过老师或同伴推荐阅读书目,自己在阅读中以"滚雪球"的方式,如借助一本经典著作的注释和参考文献寻找到更多有价值的学习资料,从理论、操作、实例分析等方面获得基本知识及间接经验,把握访谈的基本原理和实施要求,以便在后续的研究中练习与实践。阅读质性研究著作、研究报告、案例,尤其是阅读专门介绍访谈的著作非常有必要,这与阅读一些相关文章相比更加系统、全面和完整,可以更好地奠定做质性访谈的基础。

2. 修读关于质性研究尤其是关于访谈的课程

开设系统讲解访谈理论、操作和技巧的专门课程,也能为学习者带来指导和启示。尤其是对于已经有一定阅读基础的学习者来说,其在修读访谈课程的过程中更容易理解和领会相关理论、技巧,以及灵活多样的教学方法;同时,师生、生生之间的交流、探讨也有助于学习者把握访

---

① [丹麦]斯丹纳·苟费尔,斯文·布林克曼.质性研究访谈[M].范丽恒,译.北京:世界图书出版公司,2013:92.

谈的要领。当然,有着丰富质性研究尤其是访谈实战经验的教师能为学习者分享更多宝贵的经验和感悟,这同样是难得的学习资源。除此之外,在课堂现场开展模拟练习和小组合作练习的方式也是行之有效的。本人在"质性研究导论"课程中对于访谈法的教授就多次采用过这两种方式:请学生进行练习并分享反思,对不符合访谈规范和要求的反例进行讨论,指出问题并加以纠正,使学生一目了然地理解了访谈的特征和要领,有效提升了他们掌握访谈法并开展实际研究的能力。

3. 开展访谈技术的专门培训与模拟练习

研究者在决定运用质性访谈开展研究之时,要先判断自己是否了解并熟练掌握了质性访谈这种方法。通过理论学习和大量的阅读是了解质性访谈的有效途径,我们可以从中掌握一些要领和技巧;同时,通过相关课程进行理论结合实践的学习也是有效做法。但是,访谈法作为一种实践性很强的方法,最主要还是得专门通过一系列实际练习来掌握。研究团队也要考虑是否需要组织开展有针对性的实践训练活动来提升研究者的访谈技术水平。

本人在读硕士期间,我的导师和密歇根大学的合作同行曾一起开展过一系列的访谈技术培训活动,我也有幸参与其中并得到了很多体验和收获。我的导师在讲解了质性访谈的基本要领之后,指导我们编写了访谈情景剧的脚本,并安排访谈技术熟练的同学进行角色扮演。整个过程不仅呈现了访谈的各种技术实际运用的方法,也呈现了不符合访谈要求的反面例子,并区分了质性访谈与日常聊天等的差异。同时,对于在各种访谈开展过程中会遇到的关键问题,如:如何与受访者联系和约定访谈安排,见到受访者后如何进行开场白,不同情况下的提问策略和追问技巧是怎样的,以及遇到受访者希望访谈者解答困惑时应如何应对等,我们都可以通过这种方式获得直观而明晰的了解,并根据示范情境进行反复的实际练习,避免反例里呈现的不符合要求之处,从而使得我们在实践练习中能较快地掌握访谈技术。

4. 在整理和转录访谈记录中学习技巧

在参与访谈实践之前,还可以通过整理访谈记录的方式了解并领会质性访谈的技术和要求,从他人开展的访谈中获得启示,这是一种很好的学习方式。前提是需要一份高质量的访谈录音,并能在转录为文字的过程中领会和把握访谈者运用的具体技巧,感知受访者的情绪和语言表达细节,身临其境地体会访谈的全过程,尤其是对于访谈者的开场、提问和追问等具体技巧要有种生动、真切的感知,在将访谈双方的语句"原汁原味"地转化为文字的过程中敏锐捕捉和初步分析与此项研究有关的细节或线索。另外,对于访谈者如何聆听受访者的叙说,如何适当地回应和共情,如何灵活地调整访谈问题等,我们在这个过程中也会获得一定的学习和启发。尽管当下有能够将录音同时转为文字的新媒介工具,且其准确度基本可以达到95%以上,但是从学习访谈技巧和整体把握受访者真实情绪的角度来说,还是听录音自己手工整理记录更有意义。

5. 与访谈经验丰富的研究者一起实践

质性访谈的初学者可以先从理论上掌握一定的技巧和方法,但更主要的是进行实践练习。如与有丰富访谈实践经验的研究者一起开展教育研究,参与实施访谈的过程,逐步观察和模仿访谈实施的方法与技巧,通过对方手把手的教导与指点,以及其分享的研究经验和体会,获得对访谈方法的理解和运用,这同样也是一种有效的学习方式。所以,在条件允许的情况下旁观几场访谈全程或担任访谈经验丰富的研究者的助手,无论是对于个别访谈还是焦点团体访谈,都会有很大收获。

6. 以日常聊天导入质性访谈

我们都知道,质性访谈与日常聊天并不一样,但是在教育研究中往往可以从日常聊天形式入手逐渐导入访谈。相比而言,质性访谈是一种有特定目的和一定规则的研究性谈话,形式较为正式,有明确的目的,在访谈开始之前,访谈者和受访者对访谈的目的都很清楚,受访者对访谈内容也有一定的思想准备,双方在访谈过程中开诚布公、直言不讳;而日常聊天是一种目的性较弱、形式较松散随意的交谈方式。日常聊天可随时随地发生,交谈对象可能是任何人,只要双方有交谈的愿望和时机就有可能发生,而不是事前直接告知对方"让我们来谈谈这件事吧"。在质性访谈中,访谈者会要求受访者就刚才所说到的事情进行重复和详述,以便了解事情的具体细节;同时,在访谈过程中通常由访谈者一方发问,并提出新话题,在受访者回答或叙述之后,要求访谈者不以提出自己的看法和评论的方式来回应对方。而在日常聊天中,交谈的双方会有意避免说话重复,但可以直接追问,或表达自己的看法,或进行评论,而且双方都可以互相发问和提出自己感兴趣的交谈话题,双方中的任意一方可以引发、转换或终止话题。

(五) 质性访谈的实施步骤

尽管访谈并没有标准化的技术准则,但可以确立一些有效的步骤加以灵活实施。斯丹纳·苛费尔和斯文·布林克曼将访谈实施过程分为七个步骤:确定研究主题、设计、访谈、转录、分析、验证及报告[①]。这可以使初学者对访谈程序有一个整体认知,并且在实际访谈的开展过程中逐步形成把握自己的情感变化;但对于经验丰富的访谈者,则不需要拘泥

---

① [丹麦]斯丹纳·苛费尔,斯文·布林克曼.质性研究访谈[M].范丽恒,译.北京:世界图书出版公司,2013:105.

于按部就班地执行每个步骤,而是要灵活应对复杂多变的访谈过程。不过,斯丹纳·苟费尔和斯文·布林克曼也认为,访谈的开放式结构既有优点又有局限性,开展访谈并不需要一套标准的程序或规则,但在访谈的不同步骤中可以选择标准的方法和技术①。

访谈的准备阶段是正式实施访谈的重要前提,直接关系到访谈的效果和研究成效。我在与研究生的交谈中经常会听到他们说打算通过做访谈的方式研究某个问题,但是他们在对为什么要做访谈、访谈主题和内容是什么、怎么开展访谈等问题并没有清楚考虑的前提下,就会直接问受访者一些基本的个人信息和粗略看法。这导致他们的分析很难支撑整个研究,而且在其完成的研究报告或论文中只是通过简单引用或摘录几段访谈会话来得出结论,而这并不能增强研究的实证依据。所以,访谈实施之前的准备工作一定要充分,思路要清晰。为此,下面重点对斯丹纳·苟费尔和斯文·布林克曼关于访谈主题和设计方面的观点进行阐述与解读,以期给学习者在访谈准备阶段提供一些启示。

1. 确定访谈研究主题

在质性研究中运用访谈法时,首先要考虑访谈的主题:为什么要访谈?访谈什么?怎么访谈?研究者只有首先自己明确对整个研究的研究问题构想和主题的理论阐述,理解研究目的,从而认识到做这个访谈的用意和价值,才能有比较清晰的访谈思路。同时,研究者需要做好理论准备,针对该主题先行阅读和梳理一些知识、理论和研究,了解背景资料,甚至提出一些访谈假设,以便预先设计访谈方案。

斯丹纳·苟费尔和斯文·布林克曼认为应该根据访谈目的的不同,差异化地进行访谈准备。以探索性为目的的访谈,不一定预先做结构化

---

① [丹麦]斯丹纳·苟费尔,斯文·布林克曼.质性研究访谈[M].范丽恒,译.北京:世界图书出版公司,2013:107.

的访谈计划,但需要明确一个与研究问题相关的话题或想要弄清楚的问题,然后跟随受访者的回答寻求与主题有关的新信息和新视角。如果是需要进行组群差异对比的访谈,就需要有一定的结构设计,包括提问措辞和顺序等,以便对各组访谈结果进行比较分析。如果访谈是重在呈现和勾勒受访者日常生活的某些方面,那么访谈主题以描述性为主,访谈问题可以通过开放式的措辞请受访者详细叙述或回顾①。

准备与主题相关的理论或知识,甚至通过在研究环境沉浸一段时间直接体验,学习当地语言,了解当地文化,才能更有针对性地提出访谈问题,这也是教育人类学研究中的常用方式。

2. 设计访谈方案

访谈方案里的核心是访谈具体实施计划,包括访谈提纲的拟定、访谈对象选取数量的考虑、具体开展访谈的程序和方式、访谈日志的要求等过程设计,这些同样需要根据不同的研究目的来进行。尤其是当采用质性和定量相结合的研究方法时,访谈设计与问卷编制之间的内在关联或互相协作要处理好,这是访谈方案里必须要考虑的问题。有时我们可以在访谈呈述材料中生成问卷,进行进一步、大范围的调查,有时也可以由问卷调查分析中的结论引发进一步访谈的问题。另外,我们还需要考虑到访谈的适用时机、适用程度和局限性,对于像问卷调查的优势与不足等也需要有所认识,以便在研究中扬长避短。

受访者人选的选取和数量的确定,是访谈方案的关键所在。根据质性研究的特点,研究对象的选取是有目的的取样,需要考虑研究对象的代表性、特殊性、个别性、方便性、可行性等。同样,在质性访谈中对受访者人选的选取也是如此。同时,确定受访者前需经过受访者本人或其监

---

① [丹麦]斯丹纳·苛费尔,斯文·布林克曼.质性研究访谈[M].范丽恒,译.北京:世界图书出版公司,2013:113—114.

护人的同意,且访谈者要先通过其他方式了解受访者的基本情况。为此,设计访谈方案时要考虑到受访者的性别、年龄、语言表达和处境等一系列情况,使访谈真实可行地开展。例如,一位研究者在其研究报告里对0—3岁幼儿开展了关于性教育认识方面的访谈,由研究者本人以及幼儿的父母作为访谈者,提问幼儿关于是否知道自己是从哪里来的,以及防范性侵的意识如何。在这个例子中,0—3岁幼儿作为部分受访者,年龄太小,其实并不适合研究者以访谈形式开展研究,访谈所提问题也有一定难度,超出了幼儿的认知发展水平。如果采用观察法对幼儿在游戏或日常生活中的表现进行观察,应该会比访谈法的运用更适切。

从确定受访者的数量来说,无论是一对一的个别访谈,还是一对多的焦点团体访谈,都要考虑人数和规模问题,并不是受访者人数越多越好。一般来说,在一项质性研究中,个别访谈的人数在5—25人[1],焦点团体访谈的每一组人数在6—10人,以确保每位受访者都有机会回答问题,受访团体有3—4组人,根据研究目的需要最多6—8组足矣[2]。

访谈方案里对实施访谈的时间、地点、次数、时长等也要预先计划,并需要根据受访者的意愿和条件便利程度来确定,以表示对受访者的基本尊重。关于正式实施访谈的具体步骤和技巧等内容,将在下一章中进一步阐述。

---

[1] [丹麦]斯丹纳·苟费尔,斯文·布林克曼.质性研究访谈[M].范丽恒,译.北京:世界图书出版公司,2013:122.
[2] 陈向明.质的研究方法与社会科学研究[M].北京:教育科学出版社,2000:221.

二、基于现象学的深度访谈具有独特价值

人们都是置身于社会生活情境中的,因此,研究者应从受访者的生活及与他人互动的背景下去理解和分析他们的行为与意义。埃文·赛德曼在《质性研究中的访谈:教育与社会科学研究者指南》中特别谈到了深度的现象学访谈模式。他认为深度访谈中也包含着对受访者的生活史访谈,这种访谈最显著的特征就是访谈者要与每一位受访者进行三轮各不相同的访谈。在深度访谈过程中,访谈者主要运用开放式问题,组织受访者就这些问题提供答案,并对其进行研究,以便受访者重构他们的经历[①]。可见,深度访谈的目的并不在于解疑释惑,也不在于验证假设,其核心就是了解受访者的"鲜活"经历,理解其经历生成的意义。

(一) 深度访谈的三轮实施序列

深度访谈具有独特的价值,但埃文·赛德曼并不强调其作用的唯一性。在深度访谈实施的三轮访谈过程中,应设计与安排各自的侧重点。第一轮访谈着眼于受访者的生活历程,主要探询受访者获得经历的背景,包括:生平、早期的生活阅历,在家庭、学习和工作中的具体经历。第二轮访谈聚焦经历的细节,重在请受访者在其所依

---

① [美]埃文·赛德曼.质性研究中的访谈:教育与社会科学研究者指南[M].周海涛,主译.重庆:重庆大学出版社,2009:16—20.

背景中重构亲历过程的细节。第三轮访谈主要鼓励受访者反思其经历对自己的意义。① 这样的三轮深度访谈实际是将受访者的经历转化为语言叙事的过程,在这个过程中受访者就已经在给这些经历赋予意义,并产生了反思,也为访谈者聆听和理解其经历中的意义赋予了机会,使得访谈者能够完整地了解和理解。为此,访谈者也应为受访者提供充分讲述自己故事的时间长度和空间余地,同时维持访谈结构有序、有效所需的集中度②。

深度访谈需遵循一定的结构,三轮访谈的议题互相呼应。一方面,按照研究的需要和访谈者设定的阶段性目标进行;另一方面,第一轮访谈中受访者提到的一些故事和话题,有可能在第二轮访谈中成为中心议题,或为第二轮、第三轮访谈提供线索和细节基础。所以,深度访谈中访谈者和受访者要共同保持一种中心意识,既要维持和协调访谈结构的有序性,又要使受访者有充分讲述自己故事的空间。

一般来说,深度访谈的每轮访谈时间需要在开始访谈前明确下来,一般在一个半小时左右,但也有在访谈过程中根据具体实际情况适当延长的情况。比如,受访者自己在访谈收尾时突然愿意谈及之前回避的话题,或愿意补充和拓展某个话题,那么这时访谈者也应及时记录或录音,不要错过这个契机。另外,三轮访谈的间隔时间不宜过久,一般来说间隔三天到一周的时间再进行对同一个受访者的下一轮访谈为好,整个深度访谈也应在两至三周内完成。这一方面有助于受访者反思前一轮访谈的内容和思路;另一方面也不容易遗忘两轮访谈之间的结构关系和内在联系。当然,这可以根据受访者的实际情况和需要来灵活调整,比如

---

① [美]埃文·赛德曼. 质性研究中的访谈:教育与社会科学研究者指南[M]. 周海涛,主译. 重庆:重庆大学出版社,2009:18.
② [美]埃文·赛德曼. 质性研究中的访谈:教育与社会科学研究者指南[M]. 周海涛,主译. 重庆:重庆大学出版社,2009:21.

受访者在和访谈者约定好第一轮访谈时间后,如果第二天提出要去度假一段时间,访谈者就会和他商量在同一天进行第一轮、第二轮和第三轮访谈,以达到合理的连贯效果①。

(二) 深度访谈有助于把握效度和信度

关于研究的效度和信度问题,往往是基于定量研究所强调的客观主义,这对于质性研究而言是有挑战的。质性研究的效度和信度往往依据于收集信息资料过程中的把握,尤其当访谈是在与受访者之间的互动过程中获得意义的建构时。那么:受访者的表述是否有效？访谈者如何判断受访者表达的信息是否真实？访谈不同的人是否会得到不同的意义呢？或在一年之内的不同时间进行访谈,受访者会采取不同的方式来重构、再现他们的经历吗？或对于同一个问题,不同的受访者会给出不同甚至相互矛盾的答案吗？这些问题都是质性研究者经常面对的难题或疑问②。不过,深度访谈在三轮访谈结构相互衔接和呼应的过程中,很大程度上增强了受访者回答的一致性,提高了访谈者对受访者回答思路和线索的把握程度,有助于提高访谈成果的有效性,以及读者对访谈报告有效性的信心。

在深度访谈互动练习中,我们可以让学习者以团队形式互相开展访谈练习,与学习同伴互为访谈者和受访者,在开展三轮访谈和接受三轮受访过程中,充分体验访谈的实施要领,感受访谈过程中的各种可能性,从而提高开展访谈的能力,增强访谈的信度。

---

① [美]埃文·赛德曼.质性研究中的访谈:教育与社会科学研究者指南[M].周海涛,主译.重庆:重庆大学出版社,2009:23.
② [美]埃文·赛德曼.质性研究中的访谈:教育与社会科学研究者指南[M].周海涛,主译.重庆:重庆大学出版社,2009:25.

(三)访谈体现一种"我—你"的融洽关系

1. 保持尺度距离

在质性访谈中,访谈者的目标就是把自己与受访者的关系,转变为一种接近于"我们"的融洽的"我—你"关系,但双方要保持一定的距离,给受访者留出尽可能独立思考和重构的回应空间。当然,并不是访谈者与受访者之间的关系越融洽越好,双方的访谈关系不是亲密的好友关系,而是正式的、平等的合作关系,所以双方的关系发展和定位要在访谈者的掌控之内,不能因为融洽的关系而影响访谈的实施过程和受访者的讲述内容。进而,对于访谈者而言,访谈关系应建立在彼此尊重、话题风趣、态度认真和言行礼貌的基础上,并时刻关注情景的合理性[①]。在建立融洽的研究关系过程中,访谈者一方面不能想当然地假定与受访者已经很熟悉、很亲近了,从而导致对方的敷衍,另一方面也不能因受访者的讲述和观点而感到不舒服、不满意。所以,访谈者应将访谈资料分享给受访者,使他有所了解,并对他感到不适的某些内容或受访者不想外传的话语进行审读;访谈者写出的访谈分析或研究报告也应与受访者分享,双方的融洽关系与访谈初期应该是保持一致和一贯的。访谈关系体现了受访者的研究参与及共同检查,体现了质性研究的平等研究关系,这有助于保证研究报告的可信性和可靠性。但也有可能出现的情况是:受访者不同意访谈者的资料分析观点和报告内容,或不同意将原先同意呈现在报告中的信息或内容呈现出来,这时就需要双方进行协商和互相妥协了。

2. 关注影响因素

在埃文·赛德曼看来,由受访者和访谈者带入访谈的各自的社会认

---

① [美]埃文·赛德曼.质性研究中的访谈:教育与社会科学研究者指南[M].周海涛,主译.重庆:重庆大学出版社,2009:105—108.

同,也会影响访谈关系的平等性。访谈关系同时伴随着权力的问题,即谁主导着访谈的方向、谁控制着访谈的结果、谁从访谈中受益。为此,建立平等的访谈关系时访谈者需要考虑到这些因素,尤其是会对受访者造成的影响,访谈者要有敏锐的意识和把握[1]。如果访谈双方拥有不同民族或文化背景的生活经历,彼此的尊重、欣赏和理解就是开展访谈的前提,尤其是访谈者需要首先了解受访者的基本信息,为友好、融洽的访谈氛围做一些准备,同时要敏感把握和捕捉受访者经历与文化中的各种研究契机,回应受访者的一些怀疑和情绪。但在访谈过程中,双方要保持一定的距离,以便访谈者在感知和探究访谈过程中发现并提出问题。深度访谈的三轮访谈安排过程有助于加深访谈双方的了解、舒缓受访者的情绪,并减少受访者的怀疑[2]。对于受访者中途要求退出或质疑访谈者的研究目的等问题,访谈者在研究过程中和访谈之前要有一定的思想准备,而这些变故本身也值得思考和研究。

埃文·赛德曼在《质性研究中的访谈:教育与社会科学研究者指南》中也谈到了影响访谈双方关系和访谈质量的多个因素。性别、年龄、社会阶层和社会地位、语言差异等因素,在质性访谈实施方面的确都是值得关注的,否则会导致访谈双方的不平衡关系,使访谈进展不顺畅。年轻的访谈者去访谈年长者,尤其是社会地位高于自己的人时,往往会有些不自在,或感到一种压力。所以,双方均需要一定的调适,访谈者不能以一种从属的、卑微的姿态面对受访者,受访者也不要以一种居高临下、不屑一顾的姿态面对访谈者,互相尊重,彼此都不卑不亢,更有助于深度访谈的顺利实施。如果访谈者面对的是孩子、老人或文化程度较低、语

---

[1] [美]埃文·赛德曼.质性研究中的访谈:教育与社会科学研究者指南[M].周海涛,主译.重庆:重庆大学出版社,2009:108—109.
[2] [美]埃文·赛德曼.质性研究中的访谈:教育与社会科学研究者指南[M].周海涛,主译.重庆:重庆大学出版社,2009:110.

言表达和理解有差异的受访者时,要做好提前准备,找到使对方感受到舒适和便于沟通的方式促成访谈的实施。访谈者如何顺应和使用受访者的语言进行访谈,减少语言差异和背后的理解偏差、文化差异,减少因第三方参与翻译带来的诠释,这需要掌握或自如地使用受访者习惯用的语言,包括一种语言或方言。如果双方采用的都不是自己的第一语言,而是共同的第三语言,也会影响访谈的进程。而挑战最大、最难协调的因素是访谈精英与掌权人士[①]。他们的时间安排有限,工作繁忙,往往习惯于主导整个访谈过程,并在访谈者试图扭转和调整访谈方向时或明或暗地表达自己的态度,甚至导致访谈的终止。

3. 保护个人信息

访谈者在处理与受访者关系的过程中,话题的确定还需要注意区分受访者的隐私、个人经历和公众经历的尺度。这一方面能有效保护受访者的隐私,另一方面可以在访谈资料的收集过程中获得更多的信息,从而使得研究更有价值。所以,双方认定和认可的话题是最适合的,并以受访者的感受为主要依据。

埃文·赛德曼在《质性研究中的访谈:教育与社会科学研究者指南》中强调了访谈者要避免将访谈关系转化为治疗性或矫正性的关系[②]。访谈者在深度访谈过程中不要表现为心理治疗专家的角色,受访者也不要依赖访谈者寻求心理援助或治疗。访谈者应明确自己的专业限度及访谈目标的局限性,对于受访者在访谈中的极端情绪暴露和失控,要持以谨慎态度来处理,在适度的聆听中评估自己可能承担的有效责任,适时转移话题。

---

① [美]埃文·赛德曼.质性研究中的访谈:教育与社会科学研究者指南[M].周海涛,主译.重庆:重庆大学出版社,2009:115.
② [美]埃文·赛德曼.质性研究中的访谈:教育与社会科学研究者指南[M].周海涛,主译.重庆:重庆大学出版社,2009:117.

4. 访谈关系建构中的访谈者自我反思

质性访谈在访谈双方构建信任关系与实施访谈的过程中,也会对访谈者本身的专业发展和自我反思产生积极的促进作用。在访谈者的日常生活和工作中他会变得更加宽容和理解,能移情换位地思考和解决问题,并逐渐把目光投向他人,关怀和理解生命状态。正如有一些学者反思了质性研究者和受访者之间的关系后的表达,选摘如下①。

摘录一:

我意识到被访谈者对研究者而言,绝非是一件呼之即来、挥之即去的研究工具。他们是有血有肉、有着丰富情感的生命,研究者必须能够捕捉那些稍纵即逝的情绪,包括那些柔软到不可碰撞的情怀。"生命原本是要不断地受伤和不断地复原"的,而每一次对痛苦的回顾,都是对心灵的修复、净化乃至升华。如果被访谈者尝到了金苹果的甘美,他们也会慷慨回赠。因此,如果你能够把你的访谈对象作为人来尊重,而不仅仅是因为他对你的研究"有用",不仅仅是因为他的资历、学识和智慧,那么你会发现金苹果就在眼前。

摘录二:

我们作为研究者有什么权力走进别人的生活?如果我们不是真心地去交朋友,也不是真心地去帮助他,如果我们无法给予,只是索取,这样做可以吗?我们可以为自己找出一个"研究"的名义,可研究的意义究竟又在哪里呢?生活就是生活,研

---

① 杨钋,林小英.聆听与倾诉——质的研究方法应用论文集[M].北京:教育科学出版社,2001:2—3.

究也是生活的一部分,都如流水般。

所以,尽管访谈者和受访者的访谈关系会受到一些因素的影响而变得复杂,但应尽可能保持一种互惠、平等的状态。

三、进一步了解质性访谈丰富多样的类型与形式

质性访谈有着丰富多样的类型与形式,具体要根据研究的需要、目标、探索的知识、研究者的个人技巧和风格、受访者的特点和风格等方面的因素来进行选择。

(一) 访谈类型的多样性

一般的分类标准有:访谈的结构、访谈的正式程度、双方的接触方式、受访者的人数以及访谈的频率等[1]。

根据研究者对访谈结构的控制程度,可以将访谈分为无结构访谈、半结构访谈和结构式访谈(也叫封闭式访谈)。质性访谈一般都是无结构或半结构式形式,也常常被称为开放式或半开放式访谈,即虽然基于研究目的和预先准备的访谈提纲开展访谈,但整个过程中访谈者可以根据实际情况灵活调整提问和适时追问。

根据访谈频率,可以将访谈分为一般访谈和深度访谈。关于深度访谈,前面已经提及,就是对同一个受访者开展三轮访谈。

此外,还可以将访谈分为口述史访谈和生活史访谈,它们均体现了访谈内容的长期性、连续性、系列性的特点。在选择生活史的访谈对象时,要考虑其是否有时间接受长期的系列访谈,并且愿意

---

[1] 陈向明.质的研究方法与社会科学研究[M].北京:教育科学出版社,2000:171.

和有能力述说他自己的经验与情感。寻找一个好的生活史受访者并没有一定的步骤,也多不是研究者特意去找的,常常是研究者刚好碰到一个人,他有一个重要的故事可以说,而且愿意说①。比如在《变革学校——一位中学校长的口述史》一书中,齐学红教授对钱铁锋校长进行的生活史访谈,主要以钱铁锋校长到南京外国语学校仙林分校之后的人生经历为访谈内容。经过半年多时间的三个阶段的访谈,齐学红教授将梳理出的其中的关键事件作为线索,呈现出了钱铁锋校长的教育家品质和教育思想形成的关键所在。

我们还可以根据访谈的正式程度,将访谈分为正式访谈和非正式访谈。以下主要呈现的是根据受访者人数、双方接触方式的对访谈进行分类的情况。

1. 个别访谈与焦点团体访谈

根据受访者人数,可以将访谈分为个别访谈和焦点团体访谈,它们所对应的研究用途有所不同。

个别访谈通常就是一对一的形式,即一位访谈者面对一位受访者开展访谈会话,在建立了互相信任的研究关系前提下,以日常聊天的方式开始逐步进入正式的访谈。在个别访谈中,受访者的感受会比较放松,相对而言不会担心自己的隐私暴露在公众场合中;而且由于这种访谈方式能使受访者更多地受到访谈者的关注,也便于受访者呈现自己的内心世界,从而有利于访谈者挖掘访谈深度。深度访谈一般都是采用一对一的个别访谈形式进行的。通常情况下,根据研究需要来确定具体访谈人数,一般个别访谈人数在12—18人,如陈蒙在《城市中产阶层女性的理想母职叙事——一项基于上海家庭的质性研究》里对样本的说明,还说明

---

① 白芸.质的研究指导[M].北京:教育科学出版社,2002:79.

了伦理问题及其他影响因素①。

    本研究的经验材料来自与 13 位常住上海、育有 2.5—11 岁子女的中产阶层母亲所开展的半结构深度访谈。研究样本通过作者日常接触的儿童家长,以"滚雪球"的方法获得。本文为一项关于城市中产阶层家庭的研究课题的一部分,基于前述的研究目标,作者在选择样本时一个首要的考量即为中产阶层的界定。……本研究在选取样本时就此三项指标详细询问了受访人,综合考量其客观阶层位置,并在访谈中进一步了解了受访女性的主观阶层认同。此外,作者还收集了受访人配偶的相关信息。13 位受访母亲的年龄分布在 31—44 岁,除 3 位全职妈妈无个人收入外,其他受访人的个人年收入在 10.5—60 万元,加上配偶收入后,家庭税后年收入在 20 万元以上。所有受访母亲的初育年龄均小于 35 岁。

    本研究选择 2.5—11 岁孩子的母亲作为研究对象,是因为这个年龄范围大体覆盖了目前上海儿童从入托到小学毕业的年龄范围。最终确定的受访人日常联系多通过微信,研究者在访谈前告知和暂时屏蔽了彼此的微信朋友圈访问权限,以免受访人和研究者之间基于对方所发布的各类朋友圈信息互相产生与研究主题有关的偏见或预设。所有访谈由本文作者在 2017 年 2—6 月完成,时长 1.5—3 小时不等,但个别受访人在访谈后通过微信追加了部分信息。全部访谈经受访人同意全

---

① 陈蒙.城市中产阶层女性的理想母职叙事——一项基于上海家庭的质性研究[J].妇女研究论丛,2018(03):57—58.

程录音并做逐字转录以供分析。

关于母职的叙事涉及大量个人隐私,部分触及深层情感乃至创伤,因此可能构成挑战。访谈前,受访人均被告知如有需要,可以选择中止、推延访谈或退出本研究。所幸,除个别受访人选择放弃回答少数问题外,全部访谈得以顺利完成。

也有研究需要更多的样本。比如,学者张新平和陈粤秀在《何谓优质学校——基于40位教管人员的访谈研究》这篇文章里说明了访谈人数和基本情况[①]。

本研究前后一共访谈了40位教管人员,具体的访谈活动从2008年11月开始,直到2009年2月全部完成。从他们/她们所属的单位和所从事的工作来看,40位教管人员可依次归属于三种类型:第一类是地方教育官员,共8位,均来自我国东部某省市的教育厅或教育局,全部为男性(文中用Edo1—Edo8代表)。第二类是中小学校长,共17位,均来自我国东部一个大都市城区的中小学。其中女性6人。17位校长中,10位为中学校长,7位为小学校长(文中用Pms1—Pms10代表中学校长,用Pes1—Pes7代表小学校长)。第三类是高校教育管理学教授,共15位,来自全国14所大学。其中2人为女性。从区域分布来看,15位教授当中,来自华东地区高校的7人、华南地区高校的4人、华北地区和西部内陆地区高校的各2人(文中用Eap1—Eap15来代表)。

---

① 张新平,陈粤秀.何谓优质学校——基于40位教管人员的访谈研究[J].教育发展研究,2011(10):20.

生活史、口述史也是通过访谈、传记等途径来收集资料和梳理的。口述史是以收集和使用口头史料来研究历史的一种方法。它是由访谈者以笔录、录音等方式收集、整理口传记忆以及具有历史意义观点的一种研究历史的方式①。而生活史也被称为生命史,主要呈现个体生活的经验历程,揭示一个人在生活的过程中连续的事件与经验,以及这些事件相互影响的一连串个人状态与情境遭遇。

焦点团体访谈一般是1—3位访谈者面对6—10名受访者进行的,它鼓励受访者聚焦访谈主题提出各种观点和想法,不需要大家对所讨论的问题达成共识,或找到解决问题的办法,而是重在呈现多样性的知识,提出各种观点。受访者之间可以互动交流,对某个问题或事件进行探讨、争论,或对某个知识、事实进行集体建构。访谈者扮演的角色更多是话题的发起者和推动者,同时也是观察者和记录者,可以观察每位受访者在集体交流中的言语、行为和情绪表现,并结合访谈回答内容进行整体性分析。焦点团体访谈的同一组受访者既可以由同质性人群组成,也可以由异质性人群构成。比如,访谈者想了解"双减"政策实施以来学校教育的变化,既可以邀请多所学校的校长组成一组进行焦点团体访谈,也可以邀请多所学校多个学科的教师进行焦点团体访谈,这两组受访者都是同质性人群。如果邀请了校长、教师、家长、社区人士共同参与同一组的焦点团体访谈,那就是异质性人群。不过,同质、异质的区分,有时也具有相对性,一方面与他们的角色、立场有关,另一方面也与他们在场的互相影响有关。焦点团体访谈比较适用于对新领域进行研究探索时,集体的互动启发往往会使人产生更多的新想法、新观点,对于一些敏感话题也相对容易表达自己的看法。以下片段可以生动呈现一次

---

① 钱铁锋,口述,齐学红,访谈整理.变革学校——一位中学校长的口述史[M].北京:教育科学出版社,2020:3.

焦点团体访谈的情景①。

> 1989年1月初,我们要求一半的学生就他们的英语—历史课接受一次团体访谈。学生们对这门课一致表示称赞,他们强调说自己做了许多额外的作业,以及他们如何喜欢和为什么喜欢综合课。学生们主要反对的是要对同伴负责并依赖他们开展小组学习。
>
> 女孩:有那么多作业……
>
> 男孩:大量的写作内容。
>
> 女孩:有阅读和写作……
>
> 访谈者:将历史部分的作业从英语部分中分离出来可能吗,你们会感兴趣吗?
>
> 女孩:是的,我们想这样,但是我们不可能做到,这两个作业之间没什么不同。
>
> 男孩:我认为,那样会更容易。
>
> 女孩:大家都在学习。这么上课有些滑稽,但它并不像去年那样乏味。
>
> 女孩:是,我更喜欢这种方式。
>
> 访谈者:为什么?
>
> 同一个女孩:因为我通常不想去上历史课。而现在我去上了,并且我没有意识到我在做历史作业……
>
> 访谈者:去年秋天当我来这里时,你们正计划要建造一个

---

① [美]唐娜·伊·玛茜,帕特里克·杰·麦奎兰.学校和课堂中的改革与抗拒——基础学校联合体的一项人种志考察[M].白芸,等译,袁振国,审校.上海:华东师范大学出版社,2005:167—168.

大教堂。（笑）邪建造得怎么样了？

男孩：不是太好办。

女孩：我们学到了一些东西。你不能仅仅在前一天开始准备。这一点我们学会了。它的确需要在至少两周之前就开始准备。

另一位女孩：你的确得让整个小组全力协作，而不仅仅是两三个人。

访谈者：你们喜欢和其他人一起学习吗？你们喜欢这种与其他学生一起学习的想法吗？

女孩：不。

男孩：我喜欢自己一个人学习。

访谈者：为什么？

女孩：因为在小组中，往往以那么多的不同看法而结束学习，那只会造成混乱。

男孩：如果有人不做家庭作业……

另一个男孩：并且，你得依赖他们，这样就伤害了小组的人。如果小组里有七个人，五个人不做作业，那么其他两个就被伤害了。

另一个女孩：如果你不做事情……你在小组中就难逃惩罚。这并不是说你的朋友对你不做自己的家庭作业而大叫。没人大叫，那不是我的意思。

男孩：伍是你有种被别人了如指掌的感觉，因为你现在面对的是小组里的所有人。就像你通常可以逃脱教师的惩罚，但是你小组里的所有朋友都会知道。

从质性研究开展的成效来说,访谈者可以将一对一的个别访谈与焦点团体访谈相结合,以获得丰富多样的实地资料。但我们需要区分焦点团体访谈与群体讨论以及座谈会的区别。开展群体讨论和座谈会的目的在于了解情况、征求意见、沟通协调、提出问题或达成共识。主持人不同于访谈者只是提问和聆听,而是会参与讨论,甚至当场表达自己的观点,并就某些问题加以表态。以下片段呈现的就是一场师生之间的课堂讨论,可供读者体会其异同①。

第一天上课,艾伦向他的小组协作教师(威特斯,学校的校长)和同学们解释了课的框架和一年期间要讨论的各种观点,并了解了那些感到困惑和怀疑的同学的问题。

艾伦:我们将英语和历史整合为一门课来教。

一名学生:那么学分怎么给?

艾伦:我会想出办法的,让我把话说完。文学作品是对社会时局的反思,文学和历史不是(并且的确不是)分离的学科。

(艾伦在描述了文学作品和历史之间的联系后,将话题转向了课程的组织。)

艾伦:我们在这一年就每个历史时期的学习所提出的基本问题有:(1)发生了什么,至少,我们对所发生事件的最恰当的猜测是什么?(2)它是如何发生的?(3)为什么会发生?(4)是何时发生的?(5)在那个时期人们怎样生活?(6)那么,人们要生存就得要怎么样?(7)所发生的事是如何影响人们的

---

① [美]唐娜·伊·玛茜,帕特里克·杰·麦奎兰.学校和课堂中的改革与抗拒——基础学校联合体的一项人种志考察[M].白芸,等译,袁振国,审校.上海:华东师范大学出版社,2005:160—161.

生活的?

一名学生:那么期末考试会是一门还是两门?

艾伦:一门。你得的分数将代表英语和历史两门课的学习成绩……我们要反复考虑以文学作品的视角学习历史。如作者是怎样来感受我们学习的时代的?……我们将围绕一些我们所谈论的问题和一般性的话题进行讨论。专题讨论是课的核心内容。

一名学生:那么我们在专题讨论课上做些什么呢?

艾伦:每周两个双课时将进行课文分析,还有两个课时,会要求你们设计一个建立生活蓝图的方案。我们就从"罗马的秋天"这一课开始。这里是你的第一个问题——"罗马的秋天"听起来和感觉上是什么样的?试着描述它。为什么会有这样的感觉?……本课程的知识点涵盖了"罗马的秋天"和"一战开始"之间的时期。我们并不打算仔细回顾每个事件,想想看,那我们打算关注什么呢?

一名学生:最重要的事件。

艾伦:那我们怎样才能判定出重要的事件呢?

另一名学生:就是从那时到现在改变了我们生活的一个事件。

艾伦:是的,我们会探讨这些问题,并在这个过程中逐渐修正我们对"重要"的定义。今天我们就开始思考方案……这个学期的方案之一是设计并建造一个大教堂。你们必须按照设计思路和内容,思考有关大教堂的许多问题的答案。为了建造一个仿中世纪的大教堂,你们需要查找许多关于中世纪生活的资料。

在这节课的尾声,艾伦提醒学生们,最好能保持做这门课的阅读日记,并补充说,要将日记写在笔记本上,每周交上来一次。每隔一周要交一篇小短文,每学期要交三篇短小的研究论文。他的结束语是:"我的个人目标是,使你们每个人用历史学家和作家的方法来学习历史……请记下来我要求你们去思考的'罗马的秋天'的问题——(1)人们面临着什么问题?(2)你有什么解决问题的建议?(3)那个时代的人们有什么解决办法?谈一谈为什么问题 2 和问题 3 不同。"然后他宣布下课。

2. 直接访谈与间接访谈

根据访谈双方的接触方式,可以将访谈分为直接面对面访谈和间接访谈。直接面对面访谈是最常用的形式,可以使访谈者最直观、真实地感触到受访者。但是随着计算机、网络和新媒介的发展,访谈也可以通过使用电话、电脑、手机等,运用如电子邮件、SKYPE、QQ、微信等网络社交工具进行文字、语音或视频访谈,弥补因距离、环境、经费等条件限制而带来的不便。

近几年,人们会更多地以线上或者线上与线下相结合的方式开展学习和相关工作。所以,质性访谈的实施也可以利用线上形式开展,可以采用同步即时的形式、提问留言的形式,或以约定在一个网络虚拟社区内聊天的形式进行,这些形式下的访谈主要以书面文字回答、语音留言和图片(如微信表情、动态图片等)为主,但整个访谈流程依旧规范、严谨。比如,在一项关于"父母教养方式及亲子关系对大学生职业生涯观的影响"的研究中,访谈者 Y 联系了 J——自己的高中同学,目前大学毕业并已工作。当得到了 J 同意接受访谈的初步意向后,Y 将自己拟定的一份知情同意书发给了 J 详细阅读,双方具体约定了时间,并采用微信语音电话的形式进行了第一次访谈。以下选摘访谈记录片段并进行分析。

访谈时长:18:08—20:33

访谈者 Y:非常感谢你在百忙之中接受我这项研究的访谈,我的研究主题之前已经和你介绍过了,就是关于父母教养方式及亲子关系对大学生职业生涯观的影响。首先,我想了解的就是你的父母对你的教养方式呈现何种倾向?在你的成长过程中,你和父母的相处模式是什么样的?在你成长的各阶段中,你和父母的关系如何?最后就是想了解一下你个人的职业观和职业状况。希望你能够从你的经历出发来给我提供一些这方面的信息。另外就是,因为我需要后期对你所表达的内容进行文字转录和分析,所以需要征求一下你的意见,我是否可以对我们的访谈过程进行录音?

受访者 J:嗯,可以。

(以上内容为直接微信文字表达,接下来开始语音通话)

访谈者 Y:首先,我想了解一下你从小到大主要是谁在照顾你。你可以分阶段说,比如童年时期主要是谁在照顾你的生活和学习,青少年时期又主要是谁。

……

受访者 J:嗯,我大概给你讲一下我的成长经历吧。这是一个动态的过程。在我的童年阶段,我的父母其实对我还是比较关注的。例如在我的小学阶段,父母对我的要求是比较严格的。但其实总体上在这一阶段我和父母接触得比较少,然后到了中学阶段……

　　……

　　访谈者 Y:好的,我感觉到你从幼儿园到中学期间的生活内容还是非常丰富的。现在,我还想就你刚才提到的这些信息追问你几个问题,因为我不太了解。

从上述访谈记录片段来看,访谈者考虑得比较周全:首先,在微信里用文字表达了访谈目的和主要问题;然后,通过语音通话的形式开始了访谈。虽然访谈者基本是按照访谈提纲来提问的,但也能够灵活地变通并调整问题的表述形式,重新组织语言,使得提问直白易懂。这就摆脱了受访谈提纲束缚太多的问题。而受访者的回答比较流畅且内容丰富,提供了较多的个人成长信息,当访谈者意识到有必要进一步深入了解一些情况时,就提出要先就之前说的进行追问。后来的访谈谈到了受访者的大学生活,受访者的回答也比较详细,他回顾了自己大学四年的学习生活、与父母的关系等情况,以及这些对其就业选择的一些影响,最后还谈到了工作以来的一些人生规划和思想认识情况。整个访谈持续了两小时二十五分钟,记录了一万五千多字。

访谈者在后来和我的交流中反思了他对这次微信语音电话访谈的收获与不足。由于访谈双方是高中同学,可以说是互相比较熟悉的一种研究关系,虽然是通过微信语音电话这样一种间接访谈形式,但访谈目标明确,受访者的回答也比较详细,且自如、顺畅,访谈氛围一直很轻松,同时受访者为访谈者提供了较为丰富的访谈资料。不过,由于在微信语音电话访谈过程中,双方无法看到对方的表情和动作,尤其是访谈者无法准确把握受访者的表情细节和情绪反应,可能会对访谈造成一定的局限性。未来,可以通过双方约定好以视频的方式开展访谈,从而在一定程度上解决这一问题。

3. 其他类型的访谈

斯丹纳·苛费尔和斯文·布林克曼在《质性研究访谈》中还提到了事实性访谈、概念性访谈、叙事性访谈、推理性访谈、对抗性访谈等访谈类型[①],在此也做一些简要介绍。

事实性访谈就是在访谈中获得真实有效的事实资料。比如访谈者想了解一位教师的阅读情况,那么获得受访者对其阅读时间、阅读书目名称和数量等信息的过程就是事实性访谈。再比如访谈者想了解一位中学生家庭作业的完成情况,那么作业量、具体门类、作业要求的具体内容,以及完成作业的时间分配等信息就体现了事实资料的特点。访谈者在这类提问中要注意技巧,应明确、具体、有针对性,提出的问题要符合受访者的基本情况和理解水平。在生活史、口述史研究中往往需要设置一定的事实性访谈问题以获得全面的资料。

概念性访谈其实就是访谈目的是获得一些概念的阐明和解读,有的概念会存在认知理解和实践理解之间的差异或文化差异、专业差异等。

叙事性访谈重在受访者自发或经过访谈者引导来讲述故事和经历,无论是受访者自己的故事还是他人的故事,访谈者都要"原汁原味"地记录下来,把握其中的情节和结构,在由录音转录为文字时也要考虑其口头语言风格和特点。

推理性访谈强调了访谈者对受访者所说内容进行追问的把握程度,是对受访者所说信息之间的逻辑关系的梳理和推测,以及双方共同合作推理某个事件或活动的过程。推理性访谈强调了在访谈情境中产生的

---

① [丹麦]斯丹纳·苛费尔,斯文·布林克曼.质性研究访谈[M].范丽恒,译.北京:世界图书出版公司,2013:161—171.

自身意义和动态意义。

对抗性访谈是指访谈者对受访者所说的内容表示质疑或进行反驳式提问,突出了访谈者的主导权。但能否发生对抗性访谈,取决于受访者是否愿意自己的基本信念被挑战。

(二) 灵活把握访谈形式

1. 分析不同受访者的特点

根据不同的研究目的、要探索的知识、不同特点的受访者,以及访谈者自身风格等因素,开展访谈的形式也各有差异,尤其是访谈者要根据受访者的特点选择不同的方式和技巧。比如访谈儿童、老人、精英或权威人士、女性或男性、犯罪嫌疑人等,访谈熟人、陌生人,访谈比自己年长或年轻的人,访谈不同社会阶层或影响力、不同生活时代的人,都会面临不同的问题和困难。有时,我们还要访谈外国人、其他民族人士或不同种族人士,在这其中,就要考虑跨文化因素。前面在讲到埃文·赛德曼对深度访谈双方的我—你关系时也提到了相应的观点。

斯丹纳·苛费尔和斯文·布林克曼在他们的书中主要探讨了跨文化访谈和关于儿童、精英人士的访谈问题[1]。在跨文化访谈发生之前,访谈者需要先了解和熟悉相关文化的一些常识,以及学习那些有可能在不同文化和语境下含义不同的语言表达及肢体动作语言,尤其是容易引起歧义、误解和触碰禁忌的因素。如果不懂受访者的语言,在借助当地人或熟悉当地文化和语言的人做口译时要慎重,因为他们往往会根据自己的理解和认识来转述,甚至会在不知不觉中充当访谈者或受访者的角色。所以,对于访谈者来说,比较有挑战的事情就是自己对受访者的语

---

[1] [丹麦]斯丹纳·苛费尔,斯文·布林克曼.质性研究访谈[M].范丽恒,译.北京:世界图书出版公司,2013:154—158.

言、动作表情、习俗和相关的文化规范的识别存在困难,从而导致在把握文化差异方面洞察不明,以为自己和受访者拥有共同的文化,在访谈分析时对于文化内部的差异性和独特性难以把握。

在访谈儿童时,访谈者要充分允许他们表达自身经历以及对世界的理解,要尽可能移情换位地从儿童视角以合乎儿童年龄的提问方式来进行访谈,可以在儿童进行其他活动的过程中开展,比如正在绘画、做游戏、读绘本、看电视、玩角色扮演游戏等过程中。这不仅有助于儿童放松心情来回答,也有助于访谈者在情境中理解儿童。以下是一位研究者与幼儿园的一个五岁男孩的访谈,他们之间的访谈如同日常聊天一样开始①。

访谈者:我们为什么要写字呢?

受访者:不知道。

(沉默一会儿)

访谈者:直宇(受访者的名字),你觉得写字是做什么用的呢?

受访者:动脑筋的,因为我们要写字,要练习我们的手。

访谈者:你在家里有没有写字呢?

受访者:没有,只有学校老师给我布置家庭作业,我才回家写。

访谈者:你在家有没有看见爸爸、妈妈写字呢?

受访者:没有,妈妈在洗衣服,有时候看电视,我只有一次看到过爸爸在写字。

访谈者:爸爸写字做什么呢?

---

① 黄瑞琴.质的教育研究方法[M].台北:心理出版社,1999:107—108.

受访者:写那个赚钱的,要去给老师看的那个东西。

访谈者:你觉得大人为什么要写字呢?

受访者:因为他们要赚钱。

访谈者:你有没有看见过哥哥、姐姐写字呢?

受访者:写功课,给人看的。

访谈者:写给谁看呢?

受访者:给爸爸、妈妈看的。

访谈者:你在学校里为什么要写字呢?

受访者:因为我在家没有写字,我在学校想写字。

访谈者:小孩为什么要学写字呢?

受访者:写自己的名字。

访谈者:老师为什么要教你写字呢?

受访者:因为写字才会长这么长①。(微微笑一笑)

访谈者:如果不写字呢?

受访者:不会写字会长这么短。

对精英或权威人士进行访谈,访谈者首先需要获得访谈机会,还要克服因受访者的专业水平、权力和地位等带来的影响力而对整个访谈产生的负面影响。所以,访谈者要做好准备工作,了解受访者的专业领域成就或成为权威的职业属性,也要熟悉受访者所处的社会环境、个人经历和风格,只有这样,才会有对话的契机和访谈进展的可能性。受访专家可能习惯接受采访和咨询,会或多或少地准备一些"谈话内容",并借助访谈来推进其想要表达的观点,这就需要访谈者有相当的技巧去打破

---

① 作者注:这里的"长"及下文的"短"是受访者对于自己身高长短的一种表述方式。

这些谈话内容,并根据陈述内容质疑或反问,以获得对某个问题的新突破①。受访者的性别也可能是影响访谈的一种因素。访谈者与受访者是同性还是异性,可能访谈的回答和结果会有一定的差异。成年男性受访者在女性访谈者面前的态度有时会表现出一定的傲慢和专横,使女性访谈者在掌控访谈话题重点上会受到一定的干扰,产生一定的困难,尤其在受访者来自一些重男轻女思想比较严重的地区或人群,或其在职业、专业或社会影响力上具有某种优势时②。这正是埃文·赛德曼在《质性研究中的访谈:教育与社会科学研究者指南》中探讨的一个话题,而这也正是在质性访谈中访谈者会实际面临的一个问题。

另外,在访谈过程中,当受访者对访谈问题中提到的一些专业术语或概念不熟悉或不了解时,访谈者应及时加以解释,然后再进行提问和回答的流程。比如在一位研究生访谈者开展的微信语音电话访谈案例中,当问到什么是健康教育时,受访者表示不知道。以下是访谈片段。

> 访谈者:你知道什么是健康教育吗?
> 受访者:不知道。
> 访谈者:我可以简单地向你解释一下。健康教育是指通过有计划、有组织、有系统的教育活动,提供促进行为改变所需的相关知识和技能,促使人们自觉地采纳对健康有益的行为,达到促进健康、提高生存质量的目的。进行健康教育的主体可以是各级卫健委、疾控中心、医疗机构、社区、学校等。

---

① [丹麦]斯丹纳·苛费尔,斯文·布林克曼.质性研究访谈[M].范丽恒,译.北京:世界图书出版公司,2013:158.
② [美]埃文·赛德曼.质性研究中的访谈:教育与社会科学研究者指南[M].周海涛,主译.重庆:重庆大学出版社,2009:111.

另外，在教育研究中，学生是访谈的主要对象之一，为此我曾专门将"学生访谈"作为一个主题进行重点讨论①，尤其是在对不同年龄段、不同学段的学生进行访谈时，访谈者需要注意其特点，以及访谈者作为教师或成人研究者本身会带给学生受访者的各种影响。访谈者与学生受访者的研究关系如何体现平等、友好、信任，需要访谈者多调适自己的言行方式，在访谈过程中也应尽可能使受访者忽略或忘记访谈者的工作身份。

访谈双方的性别、年龄、身份、生活背景、文化等差异都会给访谈带来各种影响，访谈者要认识到这些问题，并尽可能避免这些因素。

2. 区分隐私、个人经历和公众经历的边界②

在确定访谈话题或问题时，访谈者需要考虑哪些会涉及受访者的隐私，哪些是其个人经历、哪些是公众经历，以及受访者自己是如何认定和区分的。以上这些内容，访谈者在访谈中需要与受访者达成一致，尊重受访者的认定。一般来说，公众经历是受访者在工作中、求学期间、会议上、办公室里所做的各种事情，以及有他人在场的一些活动中的经历。而受访者的个人经历既有体现其参与公众事件或团体活动中的事，也有一些是发生在受访者家庭成员之间、朋友之间的事，这有时就与受访者的隐私相关了。另外，话题涉及的收入、敏感的人际关系、曾经经历过的苦难等可能会令受访者不愿提起或不堪回首的往事等方面的个人经历，也属于隐私内容，访谈者要根据受访者的反应来调整或终止提问。

然而，有时受访者对于访谈者认为可能是隐私的一些话题并不回避和反感，甚至觉得是有必要讲述的重要内容时，访谈者应按照受访者的

---

① 详细内容可阅读：白芸.质的研究指导[M].北京：教育科学出版社，2002：113—125.
② [美]埃文·赛德曼.质性研究中的访谈：教育与社会科学研究者指南[M].周海涛，主译.重庆：重庆大学出版社，2009：116—117.

意愿进行访谈,但应严格遵守保密原则,并在研究报告中进行分析阐述时做一定的处理。比较尴尬的情况是:受访者自己主动向访谈者诉说自己的秘密或隐私,一方面希望通过倾诉获得缓释,另一方面也希望访谈者给予自己帮助或指导。在这种情况下尺度的把握就更具有挑战性了。与之相关的就是访谈关系要避免成为治疗性或矫正性关系①。访谈者不要把自己看作是心理咨询或治疗师,应时刻保持探询和了解受访者的研究目的,随着访谈任务和研究的结束,双方的合作关系也就结束了。而且,一般来说,访谈者没有经过专门的心理治疗训练,没有能力也没有义务去解决受访者的问题,要尽可能避免一种"研究者效应"。访谈者需预估自己在访谈中能够承担的有效责任。有时访谈者或研究者出于同情或热心去帮助受访者,这就要充分考虑到访谈者作为研究工具对受访者可能产生的影响。正如陈向明教授曾在自己的研究报告里写到的②:

> 由于我和被调查的中国留学生们的关系日益密切,他们中一些人已经在精神上对我有所依赖,希望从我这里得到一些支持和帮助。王如吴海所说的:"在这儿我们把你当大姐姐看待。"他们中有的人遇到困难时便来找我,请我帮忙。例如,焦林来美国4个月后,有一天在计算机房里碰到我时,神情黯然地告诉我他遇到了不少麻烦,想和我聊一聊。当时我的同情心一下子占了上风,立刻想接受他的邀请帮助他。可是,我马上又想到了"研究者效应"。于是,我抑制住想立刻帮助他的念头,告诉他由于我的研究者身份,不能提供他所希望的帮助。他听

---

① [美]埃文·赛德曼. 质性研究中的访谈:教育与社会科学研究者指南[M]. 周海涛,主译. 重庆:重庆大学出版社,2009:117—118.
② 陈向明. 旅居者和"外国人"——留美中国学生跨文化人际交往研究[M]. 长沙:湖南教育出版社,1998:88—89.

了我的话以后表示理解,但看上去显得很失望。"赶快完成你的论文吧!我希望能从你的论文中得到一些帮助。"他用一种祈求的口吻对我说。

回家以后,我为白天发生的事情感到十分不安。我为自己不能在焦林需要帮助时给予他支持,而觉得很对不起他。夜里在和一位朋友聊起这件事时,我突然意识到:除了对焦林表示同情和给予帮助以外,我还可以把自己当作一个研究工具从他那里获得有用的研究材料。只要我记录下在研究过程中所发生的事情,并且在分析材料时考虑到这些因素,现在和焦林面谈并不会损害研究的效度。……经过仔细考虑以后,我在第二天给他打了一个电话,接受了他的邀请。几天之后,我们在学校的图书馆里进行了一次长谈。

3. 互惠、平等的合作关系

在质性访谈中,双方的互惠关系问题比较复杂,往往是访谈者受益更大。虽然每次访谈之后,访谈者一般会通过赠送礼物、请吃饭等方式表达感谢,或在发表成果时的署名中体现受访者的名字。如果受访者也是教育工作者,有发表的需要之类,合作成果可能会给受访者带来一些荣誉或其他好处,但对于大多数受访者来说,无论从经济上还是其他荣誉等方面来讲,并没有对等的收益。但是,受访者之所以接受访谈,更多还是期待访谈者能通过教育研究改变或帮助他们在某些方面的困惑;同时,受访者向访谈者倾诉自己内心的想法和舒缓焦虑情绪也是其中的缘由。

本人曾对一所中学的一个班开展过关于学生文化的研究,在访谈初中生的过程中,他们都非常愿意主动讲述很多自己的想法和经历,希望通过我的研究能激发老师和家长对他们持有更多的理解。同时,我与那所学校的老师们也建立了互惠的合作关系,那个班级的各科教师逐渐理解并支持了我的研究,在访谈中他们常常主动提供给我一些关于学生发展的资料和信息;逐渐地,他们对我所进行的研究内容和方法有了一定的认识,当他们后来看到成文的研究报告后,产生了很多感悟和启发,对自己工作中的各种事情也进行了反思,并针对我的研究报告提出了一些中肯的意见。在我结束了那所中学的质性研究活动后,依然和该校的师生保持着联系,并在一年后参与了该校的小班化教育研究课题,为他们的行动研究探索做出了一些努力,延续了友好的合作关系,也做到了研究者对受访者们的回馈。

　　平等是个相对的概念。访谈者与受访者之间的平等合作关系的确立,意味着访谈者要走出自己的日常生活,去了解和理解受访者的故事和生活;平等也意味着访谈者要尊重受访者的意愿,保护他们的隐私,遵守研究承诺,顾及受访者的感受和权益;平等还意味着访谈者要用心聆听受访者的心声,解读他们的内心世界,而不带有偏见和成见,不在访谈过程中进行价值判断;平等更意味着访谈者要维护好受访者的尊严,使整个研究过程充满信任和友好。

　　上述内容主要是对两本经典质性访谈著作从理论层面上探讨的质性访谈的观点进行了梳理和解读,并结合一些案例进行了分析,希望能够帮助学习者清晰、有效地把握质性访谈的特点。而这两本书中关于具体开展访谈的各种方法和技巧,我将结合自己的研究经历和访谈思考,在接下来的章节里进一步呈现。

第二章

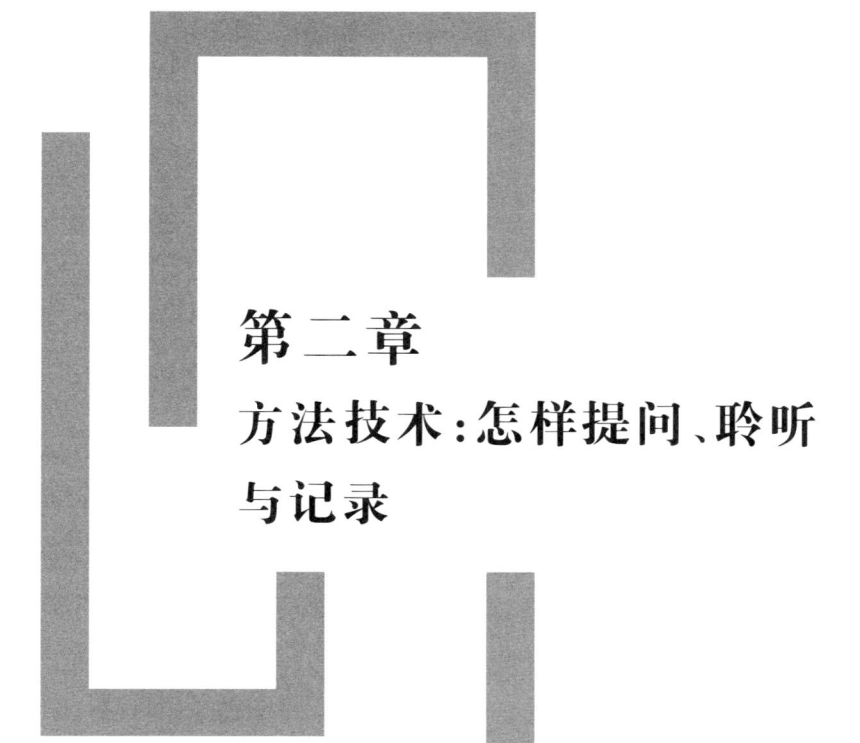

方法技术：怎样提问、聆听与记录

本章主要探讨质性访谈的具体运用方法和技巧。访谈者的准备工作、专业技巧及语言表达风格等都会直接对质性访谈的品质产生影响,从而进一步影响质性研究的资料分析与研究报告的撰写。

一、质性访谈的准备工作

(一)访谈者自身的准备

质性访谈对研究者,尤其是访谈者有着较高的要求。在某种意义上,访谈者是访谈研究成功与否的关键。这就需要挑选适合的研究者作为访谈者,并且经过事先的培训和指导,提高其专业能力,使其掌握一定的访谈理论和实操技术。

一般来说,访谈者如果具有诚恳、开朗和幽默的人格特质,便比较容易能赢得受访者的信任,同时能使访谈气氛活泼、轻松,使受访者畅所欲言。访谈者应思维敏捷,具备随机应变的能力,以便在访谈过程中根据实际情况灵活处理访谈提问,并根据受访者的反应及时优化访谈进程,从而应对各种突发性问题,使访谈内容与主题不至于变得僵化。同时,访谈者要善于引导和控制话题,避免离题。访谈者的观察力必须敏锐而客观,不能带有丝毫成见,在访谈过程中要能捕捉到受访者的表情和动作细节并加以记录。访谈者需具备高度的耐心与同理心,对访谈中涉及的问题有浓厚的兴趣和深入探究的精神,但也要尊重受访者的回答意愿,在受访者沉默期间应耐心等待,不勉强受访者必须回答某一问题。访谈者的语言能力应该很强,要熟悉对方的常用语言,事先掌握或熟悉受访者可能会使用的方言,并在访谈过程中尽可能地使用对方的习惯用语,使受访者便于理解访谈问题,同时对访谈者产生一定的亲切感、认同感,从而愿意尽量合作完成访谈。

就性别而言,女性访谈者较容易被接受,因为女性在社会观点中是比较不具有攻击性的,容易与人接近且获得他人的信任。但是,在一些重男轻女观念强烈的地方则另当别论[①]。就年龄而言,除了对儿童及青年人的访谈外,访谈者的年龄与受访者年龄差距不宜太大。如果确实出于研究需要,年轻大学生在访谈中老年受访者时,尤其是在访谈精英人士或专业权威及领导干部等时,访谈者应做到不卑不亢,进退自如,还要在访谈会话中体现出自身的知识储备和综合素养。访谈者的生活背景最好是与对方比较接近,或比较了解受访者的生活背景,从而使受访者在访谈过程中感觉到能被理解。有时,如果是一个分工协作开展研究的课题团队,课题研究负责人可以根据研究要求与需要访谈的对象情况来安排合适的访谈者去开展访谈任务,以便更大程度上发挥出访谈者各方面的优势,从而达到访谈资料收集的预期目标。

访谈者要对受访者的处境有一定的预先了解,做好充分准备。在一

---

① 白芸.质的研究指导[M].北京:教育科学出版社,2002:50—51.

次关于新任校长胜任情况的质性研究中,一位女研究生去访谈她曾经实习过的中学的女校长(她之前是这所学校的教导主任,刚被上级任命为该校的校长),访谈者自以为彼此已经很熟悉了,访谈会很顺利。但在谈及角色转变和接手校长工作过程中的挑战和困难时,受访者并不愿意多说,言语中表达出访谈者太年轻了,作为未进入社会的学生,无法理解她的苦衷,所以没有表达的必要。这种情况在访谈中经常会遇到,作为访谈者要能坦然面对,并且要敏锐地捕捉和分析出现这种现状的原因,尤其是这位女校长(受访者)所遇到的困难对她带来的困扰和打击,可以通过访谈其他知情者的方式来进行补充和分析。

(二) 确定访谈时间、地点

质性研究是有目的取样的一种方式,所以要根据研究需要来确定受访者的人数、要求、具体人员。较为正式的方式是访谈者事先通过写信、写电子邮件或打电话等形式向希望访谈的对象提出邀请,在得到其明确许可的回复后方可着手安排访谈;也可以通过他人引荐和协助联络的方式联系到希望访谈的对象,通过微信等新媒介形式先进行初步沟通,征求对方的意愿;还可以根据研究需要,以公开征募受访者报名参加的方式获得相应数量和符合访谈要求的受访者。当然,有的研究团队还通过微信朋友圈、微信群、QQ群等形式广泛征集受访者,或以滚雪球的方式推荐受访者,然后通过初步的沟通来确定最终接受访谈的受访者人选。

根据质性研究伦理,研究者会在邀请信中做出承诺,具体包括:访谈内容保密;相关个人信息以匿名形式保存;访谈记录仅作研究分析之用;访谈结束后整理出的文本会反馈给受访者确认;如果受访者希望删除或隐匿某一段话可以直接提出要求,研究者将确保遵照落实;等等。邀请信里也要讲明研究课题的情况和访谈的目的,以及研究者(访谈者)的姓名、单位和联系方式,希望实施访谈的时间选择、地点征询,等等。

在公开征募受访者的启事里,不仅要说明研究课题的名称和目的、访谈者的基本身份等,也要对访谈内容和主要问题进行呈现,告知访谈开展的形式(一对一还是团体访谈,线上还是线下访谈等)和时长,并且表明回馈方式,比如说明为参与这次访谈的受访者赠送一份礼物、获得一次参与活动的机会等。

这里呈现一个招募受访者的启事作为案例来具体说明①。

××课题研究受访者招募启事

各位亲爱的家长,大家好!

我们是××大学××课题组,目前正在进行一项名为"我国中小学家庭教育信念、教育期望和教育行动"的专题调研,为研究需要正广泛招募家长受访者。如果您的孩子正在读中小学,并且您对他的教育问题十分关注,非常欢迎与我们分享您的想法、感触和经历。

具体来说,我们特别期待了解的问题是:

(1) 关于教育对子女和家庭的意义、影响,您的信念是什么?

(2) 您是如何进行家庭教育及规划,并支持子女学校教育的?

(3) 您对子女的教育和发展期望是怎样的,您了解您的子

---

① 改编自本人同事提供的课题团队发布的受访者招募启事,在此表示感谢。

女对自己的教育期望是什么吗？

访谈具体安排如下：

(1) 访谈者：××大学××课题组的研究生。

(2) 访谈形式：以线下访谈为主，也可根据您的方便进行线上访谈。

(3) 时间和地点：根据您的意愿和需求灵活安排。

(4) 访谈时长：60分钟左右。

(5) 资料处理：访谈资料仅仅用于本课题研究用途，并将全部按照规范隐匿处理，绝不会泄露个人隐私。

凡是参加本次课题研究的家长，您将获得：

(1) ××大学特色文创礼品一份。

(2) 参与亲子工作坊活动一次。

我们期望通过访谈了解家长和家庭的教育呼声，也服务于有关政策的完善。中国教育的发展，离不开每一个家庭、每一位父母的参与，再次感谢您的关注与支持！

备注：请填写您希望接受访谈的形式（线下或线上），以及您的联系方式（手机号码或微信）。

访谈者要事先与受访者商定访谈的时间和地点，尽可能以受访者的方便为主。从时长的考虑上说，每次访谈尽量不要超过两个小时，否则会使对方感到厌倦和疲劳，从而影响访谈质量，也不利于今后进一步合作；但也不要时间太短，如不到半个小时就结束，这种蜻蜓点水式的访谈不能使访谈者充分获得研究所需的资料。当然，如果两小时左右的访谈之后，受访者依旧表示有兴趣继续叙说，可以适当延长访谈时间。

访谈地点的选择尤其要考虑到受访者的感受和心情。一对一的个别访谈,受访者会更愿意在单独场合或安静、安全的环境下进行,这样可以使访谈不受他人和其他外界因素的干扰,也不会使受访者感到局促不安,以及因担心别人听到自己说的话而影响回答的真实程度和完整程度。焦点团体访谈的开展,同样需要访谈者考虑安排一个空间大小合适的会议室,便于受访者之间可以保持适度距离地围坐在桌前,也便于访谈者和协助的记录员能够近距离地观察与发问,并在征得受访者同意后实施录音工作。

(三) 协商访谈相关事宜

成功的访谈建立在双方事先就有关具体事宜已经沟通并达成共识的基础之上。即便在邀请信或征募启事中已经提及过,在访谈开始之前,访谈者依旧要向受访者介绍自己,介绍这项研究课题的情况,并告知交谈规则及语言的使用,强调保密原则等事项,以及征询是否可以录音、录像等。有时,虽然受访者是同意录音的,但他也会因此更加小心谨慎地说话。比如,我曾在课题合作研究中访谈某地的一位教育局局长,当我征求他的意见是否可以录音时,他短暂思索后然后表示同意,但在访谈一开始的回答中用词比较谨慎,甚至还会看一眼录音设备。于是,我再次郑重申明了保密原则,请他放心。

随着科技的不断发展,一些电子设备和新媒介工具可以协助访谈者及时记录访谈资料,比如手机和电脑的录音功能,甚至有些设备工具可以直接将接收到的语句转换为文字保存下来,这也减轻了访谈记录保存和整理的工作量。

在访谈之前,访谈者要特别声明接受访谈的"自愿原则",受访者在中途有权退出。同时,要事先说明,如果研究报告中需要引用受访者所提供的资料,研究者要将所有人名和地名都进行匿名化处理,以避免因被他人对号入座、识别受访者真实情况而给受访者带来的困扰等。如果双方事先还没有达成共识就匆忙开展访谈,必将造成彼此尴尬,影响访谈关系,甚至会阻碍该项研究的顺利进行。

以下举例来说明开展访谈之前应对访谈目的进行书面说明,从而获得受访者的理解并开展合作。

> 尊敬的受访者:您好!
>
> 我们是来自××大学的研究人员。我们正在进行一项"公众重大传染病健康素养和健康教育认知的质性研究"①,研究主要是想了解您对重大传染病健康素养和健康教育的认知,以期为后续提升公众重大传染病健康素养以及健康教育的开展提供依据。我们诚挚地邀请您参加此次研究,您参加此项研究的形式是:接受访谈并同意我们通过记录或录音的形式采集资料。在访谈中,您可以尽情讲述属于您自己的看法,您的身份和您在访谈中的谈话内容会被严格保密,您个人的访谈回答和研究资料不会反馈给除研究者以外的其他任何个人和组织。在研究结果中出现的仅仅是匿名的一组资料。在关于此次访谈的任何书面或口头报告中,不会提到被访人员的姓名及可辨认身份的资料。参加这个访谈完全是自愿的,您可以在任何时候选择退出这个研究。
>
> ××大学健康教育课题组

---

① 这是本人参与研究的一项课题访谈设计资料。

此外，在有些研究中，访谈者会先起草一份知情同意书给受访者，将自己的研究目的、访谈主题、访谈计划等清楚明了地进行说明，表明访谈者应该遵守的基本准则和权利义务，也对受访者的权利和义务提出要求。以下是一份研究者在访谈前给受访者的知情同意书，以此为例来说明访谈者如何向受访者协商访谈事宜①。

知情同意书

亲爱的同学：

您好！我诚挚地邀请您参与本课题项目的研究。为维护您作为受访者的利益，我秉承"自愿参与"原则，并就访谈过程中可能会涉及的受访者和访谈者的权利与义务、访谈的基本准则以及注意事项进行如下说明。

1. 本研究的主题是"父母教养方式及亲子关系对大学生职业生涯观的影响"，拟采用访谈法了解您父母的教养方式、你们的亲子关系，以及您对自己职业生涯的看法。根据我对您的初步了解，结合研究问题，我认为您十分适合我的项目研究，因而诚挚地邀请您参与访谈，希望您能够接受。

2. 若您愿意接受访谈的邀请，我需要把您的真实姓名、联系方式及简单的个人信息登记在册，方便后续的反馈与调整，但我承诺这些个人资料绝不会透露给与研究无关的其他任何单位和个人。

3. 本研究将进行一次访谈，访谈的时间约为两小时。

---

① 改编自：高婷婷.父母教养方式及亲子关系对大学生职业生涯观的影响研究[D].南京邮电大学,2019:64—65.同时，参考了选修本人课程的一位研究生的访谈作业。在此向两位研究者表示感谢。

4. 如果需要对访谈进行录音,我一定会提前征求您的许可意愿;并且承诺录音和记录的内容仅限于本研究中使用,绝对保密,不会向研究之外的单位和个人透露;当研究成果中有提及姓名的需要时,会以化名形式出现,不会出现您的真实姓名。

5. 受访者的权利与义务有:

(1) 真实。坦诚地向访谈者表露自己,不掩饰或伪装。

(2) 自愿。受访者有权决定中止或结束访谈,以及与访谈者协商修正访谈的方式、时间、地点和内容。

(3) 尊重。访谈过程中尊重访谈者的诉求。

(4) 守时。遵守约定的访谈时间,如要变动请尽早直接与访谈者协商。但您有权利在任何时候提出终止访谈。

(5) 存疑。研究报告或成果会及时向您反馈,您可以对研究成果提出质疑,并要求做进一步修改或删除;研究成果在发表前会事先给您过目,只有在征求您的同意之后才会发表。

6. 访谈者的权利与义务有:

(1) 真诚。热情诚恳地接待受访者,耐心倾听,建立互相信任的访谈关系。

(2) 保密。对受访者的访谈内容严格保密,对有关资料妥善保管,不随便谈论受访者的信息。

(3) 尊重。尊重受访者的意愿,接受受访者的情绪情感。

7. 访谈也是一个自我成长的过程,能够帮助您更好、更清晰地认识自我,因此我希望与您建立长期联系,以方便研究分析过程中的及时反馈。

8. 如对项目研究存在疑虑或在生活中遭遇需要紧急联系

的情况,欢迎您随时与我联系。

联系人:×××

联系电话:××××××××××

9. 若您在了解以上内容之后同意接受访谈,请在知情同意书落款处签字,如有需要特殊注明的地方请在补充条款中补充说明。我将严格遵守知情同意书中的规定开展访谈,并在访谈过程中履行相应的权利。

10. 补充说明:

_____

_____

_____

再次谢谢您的支持和帮助!

访谈者签名:　　　　　受访者签名:

日期:　　年　　月　　日　　日期:　　年　　月　　日

(四) 拟定访谈提纲

质性访谈主要采用开放式和半开放式的访谈形式,受访者有较大的说话自由度,但是对于访谈者来说,事先根据研究需要拟定出一个访谈提纲还是有必要的。拟定的访谈提纲可以是一个粗线条的、列出要了解的问题要点和内容范围的提示性提纲。但是,在实际访谈过程中,访谈者可以根据受访者的实际回答来及时调整、增加追问或改变某个具体问题,而非按部就班、机械地完全按照访谈提纲提问题,要考虑根据具体情境的变化充满弹性、开放、机智地应对,生成新的访谈问题或提问表达方式。

在制定访谈提纲时，要根据约定或预期的访谈时长来考虑问题数量及问题侧重点，更主要的是要考虑每个问题的表述和表达方式，甚至要根据受访者的语言来考虑访谈是使用方言、普通话还是外语。对于课题团队集体制定访谈提纲而某一成员承担访谈任务的情况，准确把握访谈问题的表达和表述方式，做好适时追问①的思想准备都是很必要的。访谈者在事先准备过程中要遵守的最基本的原则是：尽可能使用受访者的语言和概念来询问受访者自己曾经谈到的看法和行为。而最忌讳的追问方式就是访谈者不管受访者在说什么或想说什么，只按照事先制定的访谈提纲一一把问题抛出去。

一般来讲，提问时要考虑问这个问题的必要性，即：是否涵盖了研究主题？如何诠释和分解为受访者更便于理解和回答的问题，是不是可以附带提一些相关的问题？这个问题的提出是否也需要收集受访者在态度、喜好、价值、信念等方面的信息作为参考？这个问题是否值得进一步探究？从哪些方面可以获得重要的资料？受访者是否有回答问题的信息储备和思考空间？访谈者对于受访者回答内容的可靠性和有效性的期望是怎样的？在什么情况下受访者会愿意提供真实而丰富的信息？访谈问题如何以价值中立的措辞表述来架构？关于这些问题在第一章里已经述及。

以下以访谈者 Y 在开展"父母教养方式及亲子关系对大学生职业生涯观的影响"研究中设计的一份访谈大学生的提纲为例来进行分析。

访谈提纲

第一部分：父母教养方式及亲子关系（以成长不同阶段为时

---

① 追问是指访谈者就受访者前面所说的某一个观点、概念、语词、事件、行为进一步进行探询，将其挑选出来继续向对方发问的行为。

间轴)

(1) 从小到大,主要是谁在照顾你?(父母是分开/一起/离异?)

(2) 你觉得你父母的关系怎么样?父母跟你的关系如何?父母之间的关系对你的父子关系/母子关系产生了什么影响?父母是怎么和你相处的?对你是专制的还是民主的,是溺爱的还是"放养"式的?

(3) 请分别说说你在幼儿园(学前班)阶段、小学阶段、中学阶段和上大学之后的具体情况。

第二部分: 职业生涯观

(1) 你从事过哪些职业?你是如何选择自己的第一份职业的?

(2) 你现在从事什么职业?为什么选择这份职业?

(3) 你为了从事这份职业做了哪些准备和努力?

(4) 在你从事这份职业的过程中遇到过什么困难?你是怎样解决的?

第三部分: 反思

根据之前对家庭中一些关系的回忆,请你想一想你现在选择职业或者在为职业所做的努力,跟你的家庭关系之间有没有什么联系?如果有,是什么?

可以看出,这份访谈提纲中的访谈目的和结构比较清晰,访谈者比较关注受访者成长过程中各个时期的父母教养方式及亲子关系发展变化的情况,并通过受访者对其幼年时期、儿童时期、青少年时期、青年时期①的回忆来呈现。由于访谈者与受访者是彼此熟悉的高中同学,访谈关系有一定的信任基础,所以受访者对这些提问的回答比较自如,为访谈者提供了较为丰富的资料。

(五) 建立融洽的访谈关系

前面已经提到,质性访谈在很大程度上受到访谈者个人素质及其与受访者之间关系的影响;质性访谈的成功与否很大程度上取决于访谈者对自己行为的认识和把握。所以,在访谈中双方一定要建立良好的合作研究关系,访谈者要时刻遵照研究规范和要求。但也并非双方关系越融洽,访谈就越成功。保持一定的距离和尺度,避免"研究者效应"才是最合适的。也有研究者明确指出,访谈关系可以是一种友好的关系,但绝不是友谊。双方的关系越亲近、越明显,挖掘受访者的潜在风险就越大②。

访谈之前要尽可能收集有关受访者的资料,包括其个人经历、个性特点、专长和兴趣爱好、职业情况、社会关系等,以便在建立互相信赖和合作的研究关系方面奠定基础。一项研究结束后,访谈双方的合作关系也就告一段落了,但也可能双方继续保持来往或再次合作。如果受访者已经是熟人,访谈者也要注意避免"熟人效应"和"研究者效应"的交叠问题。

在访谈之前,访谈者可以来一段轻松、自然的开场白,营造一种愉快、融洽的氛围,使受访者感受到访谈者是善于聆听和共情的;同时,访

---

① 这四个时期的划分及表述措辞是该访谈者的原话。
② [美]埃文·赛德曼.质性研究中的访谈:教育与社会科学研究者指南[M].周海涛,主译.重庆:重庆大学出版社,2009:105—106.

谈者应根据受访者的情况及时调整语气和用语。访谈问题的表述也要简单明了,易于受访者理解、思考,并且愿意回答,表达的措辞、语气和问题范围也要符合受访者的知识水平和习惯,访谈内容的记录要及时、准确,保持"原汁原味"。比如我在开展一项关于义务教育质量的研究中,以焦点团体访谈的形式对一所小学的15位五年级学生进行了访谈。受访者们围坐在会议室的长桌两边,我先向受访者介绍了自己的个人信息和研究目的,并且说道:"我给大家透露一个秘密哦,我是你们的老乡呢,所以看到同学们特别亲切。"受访者们听到后纷纷发出惊叹。然后我说:"虽然咱们出生和成长在同一个省,但这座城市我还是第一次来呢,所以特别想多了解一些。……接下来,我问同学们一些问题,希望大家畅所欲言。"于是这次访谈就在老乡之间轻松愉悦的氛围中开始了。小学生受访者们争先恐后地回答了我提出的一个个访谈问题。

在访谈记录分析和研究报告写作过程中,访谈者应和受访者保持沟通交流的渠道,也应分享给受访者阅读,让受访者判断访谈者是否对自己的表述理解到位,或是否有需要删除或隐藏的内容,这些都应得到受访者的反馈。发表的成果往往也要考虑研究者和受访者共同署名等细节,体现研究成果的合作特点,这同时也是对受访者权益的一种保障。

但是,我们在开展访谈时也有一种特殊情况,那就是亲子访谈,比如当作为访谈者的研究生要访谈自己的父母时,既可以事先跟父母说明本次研究的目的和访谈主题,也可以对访谈过程中双方基于家长和子女关系的访谈合作关系加以约定。访谈者首先要依据研究伦理和访谈基本规范来开展这场访谈,同时要考虑受访者作为自己父母的现实角色对访谈的影响作用。另外,需要注意的是,访谈者不需要为了访谈的严谨和郑重,而刻意拉开与父母的距离,掩盖真实的亲子关系,只体现访谈合作关系。以下举例来说明在这个问题上,一位访谈者对这一访谈关系所进行的恰当处理。

在访谈者 L 开展的关于"家风"与家庭教育的访谈主题中,她对自己的父母同时进行了为时一个多小时的在线视频访谈①。在整个访谈过程中,受访者能够根据提前准备好的几个访谈问题进行充分的畅谈。作为女儿的访谈者是这样开场的:

> 访谈者:爸爸、妈妈,周末好。我们今天谈的话题是"家风"与家庭教育的相关性,首先想请问你们的是,你们认同"有什么样的家庭,就有什么样的孩子"这句话吗?
>
> 爸爸:当然同意了,家庭是什么样的,教育出来的人就是什么样的。我一直觉得"家风"就是家庭里面的空气,空气质量怎么样,空气里有什么东西,人都是会呼吸进去的。家庭里面空气好,小孩就能呼吸得好,这是自然而然的事情。
>
> 妈妈:我当老师这么多年,始终相信"家风"的作用是很重要的。一个孩子从出生到长大一直都在模仿父母的行为举止,我觉得家风就是孩子模仿亲近的人。

接下来,访谈者又向父母提问了五个问题,其中问题三和问题四是访谈者根据受访者对前一个问题的回答而现场生成的,也可以算是进一步的追问:

(1)你们可以举一些例子来说,你们认为的"家风"是什么

---

① 摘引自研究生 L 同学的访谈作业,在此表示感谢。

样的吗?

(2) 如果用一句话来概括你们家①的"家风",是什么? 可以谈一谈你们的成长经历,以及这种"家风"对你们的影响吗?

(3) 你们两个都有兄弟姐妹,但是从现在来看,每个人的性格、能力实际上是有差异的。你们是怎么看待同一种"家风",对于家庭中不同成员的塑造作用的?

(4) 你们刚才提到了关于"时代"的问题,就是在你们的时代,你们是那样的"家风"。那么你们认为在现在这个时代,它和以往有什么不同的地方? 在新时代,有哪些"家风"是值得我们去提倡的?

(5) 在我的成长过程中,你们是否考虑到了"家风"这个因素,你们又是怎么去做的?

尽管整个访谈只有六个问题,但在一个多小时的访谈中,两位受访者的回答是比较详细的,也会互相补充,这一方面体现了访谈双方的亲子关系一向很融洽,另一方面也体现了两位受访者之间互敬互爱的日常关系。通过这次访谈作业的练习,访谈者不仅实际体验了开展访谈的具体技巧,也了解了自己的家庭和父母的家庭教育风格、父母对家庭教育的认识和做法,增进了家庭成员之间的互相理解。作为受访者的父母也在女儿面前畅所欲言,真实地表达了自己的想法,协助女儿完成了访谈任务。所以,从这个案例来看,事先具备融洽和睦的访谈关系在访谈过程中发挥着积极作用。

---

① 这里是指研究生 L 同学的父母各自的原生家庭。

二、访谈过程中的表达、聆听与回应

访谈者需要用自己的心去体会受访者的内心,用自己的直觉谨慎地、细心地、共情地与对方交流。所以,访谈中最重要的一个技术就是聆听[①]。

(一) 把握聆听受访者的基本原则

聆听是质性访谈过程中一项非常重要的工作,它不仅是访谈双方获得互相理解和信任的基础,也决定着接下来访谈者提问的方向、方式和内容,与访谈的质量和成效密切关联。

对于访谈者来说,访谈的目的是了解受访者的情况,所以在聆听受访者时要"少说,多听"[②],具体可以遵守三条基本原则:一是不轻易打断对方的话,二是要能容忍受访者的片刻沉默,三是不要发表自己的观点和看法。访谈者在聆听过程中也不能诱导受访者回答,不能对受访者所说的内容当场进行价值判断或发表自己对受访者所提到的某个事件、观点的看法。访谈者始终要明确的一点是:在访谈中受访者有意识或无意识提供的任何信息都是有意义的,包括受访者无意识体现出的不规范的语言信息(如各种不经意表现出

[①] 本人认为"聆听"一词更能体现客观、尊重和友好的研究关系,而"倾听"常常用于上级听取下级汇报,或师长听取孩子心声等情景中。
[②] [美]埃文·赛德曼.质性研究中的访谈:教育与社会科学研究者指南[M].周海涛,主译.重庆:重庆大学出版社,2009:85.

的语气或习惯性语气,回答的节奏和语速,重复讲述或回答,表述中的结巴、语病等)及肢体语言。

访谈者至少要进行三个层面上的聆听①。(1)必须聆听受访者讲述了什么,集中注意力去理解和内化其实质性内容,进而生成新的提问。(2)访谈者必须留心表达了受访者的深思和更具个人特质的"内部声音"(受访者内心世界的想法)。(3)访谈者必须在聆听谈话内容的同时保持理智,随时把握访谈时间和任务进展。访谈者一定要努力聆听以便对访谈进度进行评估,并对如何根据需要推动访谈向前发展的线索保持敏感②。

尽管前面已经提到过,在访谈过程中,访谈者会依据访谈提纲或按照一定思路来引导对方回答自己所提出的问题,但是受访者说话时也会有自己的逻辑和动机,有诉说和表达的需要,有时即便是离题了,他也想将自己内心的想法或情绪一股脑地宣泄出来。有时,受访者会认为访谈者是自己值得信赖的听众,或愿意听自己诉说并理解自己的知音,于是在访谈中想要一吐为快;有时,受访者会认为访谈者是代表组织和上级的,有可能将自己所诉说的话转告给相关领导或部门,恰好有助于为自己传递信息、促进沟通,甚至为自己"鸣不平";也有可能受访者认为自己所说的内容会对访谈者的这项研究有帮助,所以会特意多说一些。为此,访谈者在聆听受访者诉说的过程中,要更加关注、思考和判断其说话的动机,尽可能细致而耐心地感知对方的内心世界。当然,在访谈过程中访谈者也应注意辨别真相与假象,敏锐把握需要以其他方式加以验证的关键点。

---

① [美]埃文·赛德曼.质性研究中的访谈:教育与社会科学研究者指南[M].周海涛,主译.重庆:重庆大学出版社,2009:85—86.
② [美]埃文·赛德曼.质性研究中的访谈:教育与社会科学研究者指南[M].周海涛,主译.重庆:重庆大学出版社,2009:86.

在聆听过程中,访谈者应注意到与受访者可能存在的代沟、文化差异等问题,以及受访者的情绪反应和肢体动作细节等。当受访者保持沉默时,访谈者不要急于打破这种状态,而是要具体分析判断:也许受访者是在思考,也许是有些害羞或顾虑,也许是不知从何说起或无话可说,也有可能是不愿回答或思想走神,等等。当受访者的这种沉默保持了一段时间后还没有说话,访谈者就可以试探性地询问和提醒对方。

(二) 聆听中的表达与跟随

访谈者应尽可能简洁、清晰地表达每个访谈问题,并能随时紧跟受访者的讲述思路和内容,适时地进行追问和挖掘。

1. 提问技术

提问是访谈中的关键环节,但受到许多因素的制约,如研究课题的性质(公开或是隐蔽)、访谈双方的个性、年龄、性别、民族、职业、受教育程度、社会地位以及双方的关系(信任、喜欢的程度)等[1]。访谈者根据受访者的实际情况可以灵活运用开门见山的直接式问法,也可以运用迂回婉转的间接式问法。访谈者要善于洞察和把握受访者的心理、表情变化及其他反应,并充分沟通,提高受访者回答问题的积极性。

访谈问题有多种多样的表达形式,有学者提出可以将其分为三组类型:开放型和封闭型问题、具体型和抽象型问题、清晰型和含混型问题[2]。一般来说,访谈者根据研究需要采用开放型、具体型和清晰型问题表述来提问,更容易获得受访者较为丰富、明确的回答。开放型问题的提问常以"什么""如何""为什么""怎么样"之类的措辞表达,但不能过于笼统和泛指,要使受访者不受限制地思考但有针对性地回答。具体型问题就

---

[1] 白芸.质的研究指导[M].北京:教育科学出版社,2002:51.
[2] 陈向明.质的研究方法与社会科学研究[M].北京:教育科学出版社,2000:183.

是询问一些具体事件的看法或细节的情况。访谈者通过向受访者询问一些具体型问题,可以了解相关事件或活动的来龙去脉,从而帮助访谈者了解整个事情的细节、情境和过程;或作为引子调动受访者的情绪和情感反应,以激发受访者想要表达的欲望,从而更为详细地回答访谈人的问题。清晰型问题是从问题表达的语义清晰程度上来说的,通常指一些结构简单明了、意义单一、容易被听者理解的问题,这样可以获得同样清晰的回答。

访谈中提问的方式按照问题排列顺序一般有三种:(1)漏斗式,从最普通的问题逐步问到最特殊的问题;(2)反漏斗式,从最特殊的问题开始问,然后逐步问到最普通的问题,每一个新问题比前一个有更广泛的范围;(3)五个向度的计划,就是将问题的焦点由描述知觉的向度逐渐向感情的、行为的、感觉的和态度的向度深入[①]。

掌握访谈中的追问原则。"追问"就是访谈者就受访者前面说的某件事或某个观点、概念、行为或频繁使用的词语做进一步探询和了解,将其挑选出来继续发问。这是访谈中不可缺少的一种技巧。为此,访谈者在全神贯注聆听受访者的回答过程中,要敏锐地捕捉对方话语或神态中流露出的重要信息,迅速反应并形成新的问题进行发问。同时,访谈者要尽可能使用受访者自己的语言和概念来发问,最忌讳的追问方式是不管对方在说什么或想说什么,只按照自己事先设计的访谈提纲依次把问题抛出去。

有时,由于研究的需要,访谈者会在街头或相关人群聚居的区域去开展有一定抽样目的的随机访谈。比如,本人的课题团队在"上海国际化社区教育营建"的研究中,需要访谈一些生活在上海的外籍人士。为

---

① 白芸.质的研究指导[M].北京:教育科学出版社,2002:54.

此,课题团队中的三位留学生提议去外国人经常参加闲暇活动的一个社区进行访谈,他们一共访谈了 17 位受访者,其中有五位来自日本、五位来自俄罗斯、四位来自德国、一位来自意大利、一位来自伊朗、一位来自韩国。三位留学生访谈者拟定了访谈提纲,并在社区的室外咖啡馆随机访谈了七位外国人。在访谈过程中,对俄罗斯受访者用俄语提问和交流,并做记录;对其他国籍的受访者用英语提问和交流,并做记录;最后,整理出中文版的访谈记录。以下是对一位 30 岁的俄罗斯男性的访谈记录片段①。

  访谈者:您的国籍是?

  受访者:<u>我来自俄罗斯。</u>

  访谈者:您在上海居住了多长时间?

  受访者:<u>我在上海已经一年半了。</u>

  访谈者:您从事什么工作?

  受访者:<u>我是英语老师,在上海的幼儿园工作。</u>

  访谈者:您是否已结婚?

  受访者:<u>还没有。</u>

  访谈者:您现在所住的社区是什么?为什么选择在这边生活?您和社区里的外国人有交流吗?

  受访者:<u>我住在闵行区的一个社区,主要是因为这个地方离我工作的地方不远,很方便。我与社区里的外国人有交流,但不多。</u>

  访谈者:您在生活和工作方面是如何适应并融入的?

---

① 选自本人课题组的调查资料,感谢三位研究生访谈者。

受访者：我第一次来到上海的时候，感觉自己很难解决日常生活中的问题，因为我完全不会说汉语。但是，我真的幸运：在我工作的幼儿园里所有的同事都会说英文，在他们的帮助下我很快地融入上海并习惯了在这里的生活。

访谈者：您是否参加过社区的活动？分别有哪些？

受访者：老实说，关于这类的活动我从来也没有听说过。

访谈者：您关注过社区学校和学院开展的课程和教学吗？

受访者：没有。

访谈者：您对上海的社区教育和治理有什么建议吗？

受访者：我自己对中国文化活动是非常感兴趣的。我觉得对外国人来说特别有意思的活动可以包括各种各样的地方文化节日，如中国美食节等。有可能现在是有这类活动的，但是我自己没有听说过。我对上海社区的建议是：建立一个英文版的网站或者说软件，以便让外国人及时获得社区举办活动的相关信息。

由于是街头随机访谈，访谈者对受访者没有预先的了解，访谈的前三个问题都属于基本情况了解，但因问题的封闭性较强，受访者的回答也很简洁明了，没有更多的叙述。同时，考虑到街头随机访谈对受访者时间的占用不能过多，访谈者也没有适时地追问或根据受访者的回答生成新的问题，得到的回答资料还是比较单薄的，且受到访谈使用语言的局限性的制约，双方在表达方面并不是很充分。

2. 把握好聆听中的共情和适时回应的分寸

聆听本身就是访谈者对受访者表示回应的表现形式之一。一般来说,访谈中的聆听表现在行为、认知和情感这三个层面,它们之间是不可截然分开的统一体,受访者继续谈话的兴致在很大程度上会受到访谈者聆听态度的影响。行为层面的"听"是指听的态度,访谈者有可能是积极地听,也可能是消极被动地听或是表面上敷衍地听。认知层面的"听"是指访谈者将对方的表述内容纳入自己的概念分类系统,或是接受和捕捉对方的信息,并积极与对方交流。情感层面的"听"是指让对方看到反馈情况,激励或挫伤其倾诉的愿望[①]。例如,当访谈者对受访者的诉苦显得毫无表情时,对方很可能就觉得"对牛弹琴",白白浪费了自己的一腔热情,不愿意再继续说下去了。如果访谈者用眼神、表情或言语有所表示,尤其是产生"共情",使受访者感到自己受到了关注,获得了理解和同情,那么他就会更加真实、丰富地表达自己的情感体验,使访谈者能更好地理解其真正意图和内心世界。比如,当一名教师受访者讲到自己为了帮助班级里的留守儿童,而顾不上照顾自家生病的孩子,后来感到很内疚时,如果访谈者听了没有什么反应,就是一种"无感情的听",如果访谈者点头并表现出敬佩的样子,并归纳说"您对学生真好啊",这就是一种"共情的聆听"。

  有时,当访谈者的经历和受访者的经历比较相似或有一定的联系时,常常可以将这类经历以坦率、私人的方式分享给受访者,从而鼓励受访者用比之前更为内在的声音去继续讲述自己的经历。但此时,访谈者也要避免因为自己经历的分享而导致访谈话题分散、转移或跑题,以及使受访者的感受发生变化,或使受访者觉得不耐烦,甚至停止讲述[②]。

  回应是一门较为复杂的技术,访谈者掌握一定的理论有助于提高自

[①] 白芸.质的研究指导[M].北京:教育科学出版社,2002:56—57.
[②] [美]埃文·赛德曼.质性研究中的访谈:教育与社会科学研究者指南[M].周海涛,主译.重庆:重庆大学出版社,2009:98.

己的回应技术;同时,访谈者还应该在实际操作中不断探索回应技术。访谈中的回应就是指访谈者就受访者的言行做出相应的、适当的反应,包括言语反应和非言语反应。回应在很大程度上影响着受访者谈话的内容和范围,对整个访谈的开展起到引导和限定的作用。访谈者要仔细考虑自己对受访者所做的回应分寸,以及回应对受访者有可能产生的各种影响。当访谈者已经听到了受访者的谈话并希望其继续说下去时,可采用认可式的回应方式,如"嗯""噢""对的""是吗""原来是这样",或是点头、微笑,以及用鼓励的目光等与之产生共情,使对方感到自己是被注意的、被接受的,自己说的话是有价值的,从而产生继续交谈下去的意愿。我曾经在一次访谈中学生亚文化的过程中,听到一位学生说起自己的经历,作为回应,我也表示自己当年中学时代也是如此,这位学生听到我的回应后觉得自己得到了理解,于是放心地讲述了更多的故事。不过,语言回应应该适量,不宜过多,以防打断对方的思路。

在一定的访谈时机下,访谈者采用"自我暴露"的策略也能够达到很好的回应效果。"自我暴露"就是访谈者对受访者所说的内容根据自己有关的经历做出回应。如在访谈一位教师面对学生问题行为应如何应对时,这位受访者列举了诸多的问题行为和学生个案,这时访谈者可以如实说出自己曾经在中学时也遇到过这些情况。这样的"自我暴露"可以使受访者了解到双方都有过相似的经历或感受,能互相理解,也感到彼此有共同语言,从而拉近访谈者与受访者之间的距离,使双方的关系更加轻松和平等,合作也更融洽。但是,"自我暴露"要适度、适时,要将类似情景进行比较,而非胡拉乱扯,无中生有,也不要夸大其词,使受访者感到不舒服甚至反感,这样反而会造成隔膜,从而影响访谈进展。

对受访者所说的话进行重组、总结和确认,也是一种回应的方式。

这既可以帮助受访者理清思路,引导对方继续就这句话的内容细节进行陈述,也可以使访谈者检验自己的理解是否正确。但在回应时,访谈者切忌评论受访者,如表明自己的看法,或是自以为是地得出结论并询问受访者是否认同。访谈者也不能为了与受访者产生共鸣而讨好式、逢迎式地回应,更不要一味地任由受访者保持长时间的沉默而使访谈无法继续下去。当受访者沉默保持了一段时间时,访谈者可以试探性地询问和提醒对方。有些时候,访谈者适当的沉默、等待可以使受访者顺着自己的思绪继续述说。

从一些访谈实际遇到的情况看,有以下几个误区需要访谈者注意避免。

(1)访谈过程完全失控。主要表现为受访者完全带动话题偏离研究主题,或访谈者完全掌控了访谈过程,按部就班地拘泥于访谈提纲而不考虑实际情况。以上都是不利于访谈者获得丰富资料的。(2)访谈关系和地位不对等。主要表现为访谈者在年长或有一定社会地位的受访者面前表现出弱势姿态,或是在比自己年轻或学识、处境不利的受访者面前给人一种强势、咄咄逼人的感觉。(3)访谈者表现出一种表层倾听与对话的态度:要么听而不闻,面无表情,缺少共情;要么一问一答,敷衍了事,缺少深入探究的意识,以事实性信息为主,缺乏对深层意义、价值的探究,不知如何追问。(4)当受访者不合适回答某个主题或某些问题,而访谈者强行要求回答,或继续坚持提问类似问题时,会使受访者感到不舒服或受到伤害。除此之外,访谈者最重要的个人特质是,必须对受访者有真正的兴趣。访谈者必须深刻意识到受访者的故事除了对当事人是有用的外,在提供给访谈者进行研究时也具有同样重要的价值[①]。

---

① [美]埃文.赛德曼.质性研究中的访谈:教育与社会科学研究者指南[M].周海涛,主译.重庆:重庆大学出版社,2009:103.

3. 善于探究式提问

访谈者在聆听过程中要善于敏锐把握信息,探究受访者所说内容背后的深层含义和故事,并且以探究式提问的方式进行追问,提出真正的问题。埃文·赛德曼认为,真正的问题是指访谈者并不知道或期待得到答案的问题①。访谈者还可以就自己知道答案的一些问题,先说出自己理解的内容,然后请受访者谈谈看法,从而了解受访者的认识。但是,探究不等于引导,访谈者切忌用引导性问题来向受访者提问,以免暗示和影响受访者的看法,或让受访者感受到访谈者想要的答案是什么,从而投其所好,或是限定了受访者思考和回答的范围。有时,开放性的问题反而能使访谈者得到意想不到的收获,尤其是当受访者以讲故事的方式呈现完整的情节和内容时,这可以为访谈者提供更为丰富细致的、挖掘空间更大的资料。

在访谈过程中,访谈者尽量不要打断受访者的讲述,哪怕是对受访者所说的某个内容或情节特别感兴趣。比较推荐的方法是:访谈者可以自己尽快记下来感兴趣的关键词并等待后续提问时机,这样既不会打断受访者思路的连贯性,也不会错失追问的契机。

4. 关注访谈过程中受访者的情绪变化和感受

受访者在讲述或思考某些问题的过程中,尤其是回忆或描述某些不愉快的事情时,往往会有情绪上的起伏变化。从质性研究伦理角度来说,访谈者一方面要及时调整访谈问题,另一方面要细心观察,真诚安抚受访者,使其情绪平静下来,哪怕受访者不再继续讲述对研究分析有帮助的那个故事,也要终止或变换问题,更要容忍受访者的沉默或中途退出。访谈者在受访者的选择方面有时需要有一定余地,有备选的其他受

---

① [美]埃文·赛德曼. 质性研究中的访谈:教育与社会科学研究者指南[M]. 周海涛,主译. 重庆:重庆大学出版社,2009:86.

访者可以弥补之前受访者中途退出的缺憾。同时,访谈者也需要及时反思导致访谈中止的原因:是访谈问题还是受访者自己的某些因素。

（三）及时记录访谈内容

在访谈过程中,访谈者应专心聆听受访者的诉说与回答,及时、全面、如实地做好访谈记录。对于访谈记录的整理,即使在受访者允许访谈者使用录音和拍摄设备的情况下,访谈者依旧有必要进行现场文字记录,且在结束后及时将笔录与录音相对照,结合拍摄的相片,回忆访谈时的情景,逐字逐句地再现访谈情境,最大限度地体现"原汁原味"的访谈内容。需要注意的是,在访谈过程中访谈者也应该及时将自己的感受用文字记录下来。

1. 访谈记录的格式

一般来说,访谈可以采用四种记录格式:记录内容、记录观察所得、记录访谈者自己使用的方法和技术、记录内省情况。(1)记录内容是访谈中最基本的记录方式,访谈者应将受访者在访谈中所说的内容"原汁原味"地如实记录下来,不做任何修改、提炼或加工。(2)记录观察所得是指访谈者记录自己所观察到的信息,包括访谈现场和周围环境情况、受访者的表情、动作和衣着等细节。(3)记录访谈者自己使用的方法和技术主要是指记录访谈者在访谈过程中自己所使用的访谈技巧和方法,及其对受访者、访谈过程和访谈效果等产生的具体影响。(4)记录内省情况是指记录访谈者个人的性别、年龄、言谈举止、态度、相貌、衣着和职业等可能对受访者产生的影响,以及自己的反思和调整策略。

由此可见,一次访谈的记录是全方位的,访谈者完全可以在记录访谈内容的基础上,结合观察、方法和内省的信息记录,从而更加全面、如实、详尽地记录访谈全过程,这样做更有利于质性研究的分析和报告的撰写。

随着科技的进步与发展,访谈者可以利用多种先进、便捷的工具辅助自己做访谈记录,如可以现场录音并直接将语音转化为文字,从而减少访谈者后期将语音转为文字的很多工作量。但是,我始终认为,访谈者在现场及时、尽可能地记录和备注还是必要的,尤其是访谈者自己所观察到的一切。另外,无论是现场及时记录还是事后补记,访谈者本人都需要直接参与,还可以由研究团队协作来补充和印证。比如,在个别访谈环节,访谈者需要一边认真聆听和观察,一边迅速记录和备注,还不能因忙于低头记录而忽视了对受访者的回应。而在焦点团体访谈中,访谈者和协助组织、记录的团队成员之间要紧密配合,注意观察和标记好每次发言的受访者是谁、坐在哪个位置上、说话的顺序和时间是怎样的,以免在后期听录音整理文字时难以分辨是哪一位受访者所说的。访谈者要注意尽量使用受访者自己的语言和说话的方式来呈现访谈内容,不要任意诠释和加工。"原汁原味"的访谈记录是分析研究的关键资料。

访谈的记录不仅要对受访者的所有表达进行记录,还要记录访谈者的所有提问和表达,实际上访谈的记录是对访谈双方现场会话的全程呈现。

2. 转录中的还原问题

访谈是一种口头表达的会话过程,受访者的语音、语调、语速、表情、动作等都具有特定的情境性和个性特征。但在转录为文字的过程中,不仅会导致形式上的转变,也时常会存在去语境化的贫乏描述的情况。如受访者的反问语气,要体现在转录的文字稿里,就需要访谈者在访谈现场时的备注。还有受访者的口头禅、习惯用语的表达、停顿或结巴,以及受访者所使用的方言、地方语言词汇或俚语等,其本身具有生动、真实地反映受访者整体风格的一些独有特征,在转录为文字时要多加注意保留和还原。

访谈记录在质性研究中占据一个十分重要的位置。由于质性研究的目的是捕捉受访者自己的语言,了解他们建构世界的方式,因此访谈者最好能够将受访者的谈话内容一字不漏地记录下来。除了记录言语行为外,还应记录受访者的各种非言语行为,如外貌、衣着、打扮、动作、面部表情、眼神、人际距离,说话和沉默的时间长短,说话时的音量、音频和音质,等等[1]。

另外,当受访者用方言来回答访谈者提出的问题时,访谈者在访谈转录为文字时可以将语音用谐音和普通话两种表达同时呈现出来,并且根据当时的具体情境和受访者的具体表情、动作、语气等加以注解。但是,声音的记录不是访谈调查的目的,对于转录后文本的分析以及分析后的理论阐释才是质性研究中采用访谈法之目的所在[2]。

一般来说,转录访谈语音为文字的工作会由研究团队的助手来完成,但是如果访谈者本人参与其中的话,还会使访谈情境的社会方面和情感方面得到展现或激发,并且在这个过程中,访谈者其实已经开始了所谓的意义分析[3]。

转录的还原程度也取决于录音的清晰程度和转录者的细致把握,即对于受访者的停顿、迟疑、顾虑或其他语气表现的详细而完整的体现。如斯丹纳·苟费尔和斯文·布林克曼在《质性研究访谈》中所呈现的一份转录稿。[4]

---

[1] 陈向明.质的研究方法与社会科学研究[M].北京:教育科学出版社,2000:178—179.
[2] 贺晓星.教育中的权力—知识分析——深度访谈的中国经验[J].北大教育评论:2014(4):97.
[3] [丹麦]斯丹纳·苟费尔,斯文·布林克曼.质性研究访谈[M].范丽恒,译.北京:世界图书出版公司,2013:193.
[4] [丹麦]斯丹纳·苟费尔,斯文·布林克曼.质性研究访谈[M].范丽恒,译.北京:世界图书出版公司,2013:194—195.

会话分析的转录

E:哦,亲爱的,那次午宴非常可口,我应该叫你:再早[点:
　　不过我:]我:[很喜:欢。

M:　　　[((f))哦∷][(　)

E:它简直是太令人愉:[:快了. 　]

M:　　　　　　　　[嗯]

M:我很开[心　你](能来).

E:　　　[而且你的朋友:]朋友们]是如此可:爱,=

M:=哦∷[:它是]

E:[e—那个 P]a:t 难道她不像一个洋:[:娃娃?]

M:　　　[i是]的　难道她不漂亮吗?

　　　　　　　(.)

E:哦:她是个漂亮的女孩.=

M:=是的,我认为她是个漂亮女[孩.=

E:[En' 那个 Reinam'n::

　　　　　　(.)

E:她吓:着我了.

```
　　　　　　　转录语料库
[    单独一个左侧中括号表示重复点的开始。
]    单独一个右侧中括号表示与左侧中括号相对应的话
　　　语的停止点。
=    等号,一个在一行的末端,一个在下一行的开始,表示
　　　这两行是相连接的。
```

(.)	小括号里面有一点表示话语中或话语之间存在细微的停顿。
::	冒号表示在此之前声音的延长,双冒号表示更长的时间延长。
<u>小写词</u>	下划线表示某种重音形式,通过音调以及/或者声音的强弱来表示;另一种方法是在重音部分采用斜体来表示。
大写词	大写的词表示与其他的声音相比,这部分的声音特别大。
( )	空括号表示转录员听不清谈话内容。
(( ))	双括号表示是转录员的描述,而不是转录内容。

研究目的决定了转录方式的选择,比如对于语言分析来说,逐字逐句的描述是必不可少的,而对于受访者的焦虑水平或否定意义的解释来说,停顿、重复以及语调也是很重要的[①]。质性研究本身的严谨性也体现在转寻访谈记录时对语言复杂性的还原程度上,即便受访者的口头表达中也许有语法错误或语病,甚至不文明的粗话,等等。

---

① [丹麦]斯丹纳·苛费尔,斯文·布林克曼.质性研究访谈[M].范丽恒,译.北京:世界图书出版公司,2013:199.

三、访谈资料的整理

（一）在反复阅读中初步整理

前面已经说到,访谈资料语音转录为文字的过程其实就已经开始了初步的分析行为,那么在研究者反复阅读转录文本,甚至通过反复听录音来还原和再现访谈过程中的受访者语言情境时,就为访谈资料的整理打下了扎实的基础。

1. 资料编号

研究者可以先对每一份访谈资料进行编号,建立一个编号系统,包括:受访者的基本情况(姓名、性别、职业、年龄等),访谈的时间、地点和当时情境的说明,研究者的基本情况(姓名、性别、职业、年龄等),访谈资料的排列序号(比如,对××受访者的第×次访谈)。

以本人参与的上海市某区若干小学家校合作的研究为例,我们访谈了家长、校长、书记、教师共计13位受访者,他们的基本信息如表2-1所示。

表2-1 质性访谈受访者基本信息表

访谈对象	性别	身份	学生/孩子年级	是否家委会成员
H1	女	L小学校长	/	/
P2	女	L小学学生家长	三年级	是

续表

访谈对象	性别	身份	学生/孩子年级	是否家委会成员
P3	男	L小学学生家长	四年级	否
P4	男	T小学学生家长	五年级	是
M5	女	H小学德育主任	/	/
S6	男	T小学书记	/	/
H7	男	F小学校长	/	/
P8	女	X小学学生家长	四年级	否
P9	男	T小学学生家长	三年级	否
P10	女	J小学学生家长	三年级	是
H11	女	J小学校长	/	/
P12	女	F小学学生家长	二年级	是
M13	女	J学校德育老师	/	/

在表2-1中，H代表校长，取自"校长"的英文单词"head master"的首字母，按照访谈顺序进行数字编号；P代表家长，取自"家长"的英文单词"parent"的首字母；S代表学校书记，取自"书记"的英文单词"secretary"的首字母；M代表学校中层管理人员，取自"管理"的英文单词"manage"的首字母。身份一栏里的英文字母都是相应学校的代号。

2. 阅读原始资料

研究者需要按照研究的目的和一定的标准将原始资料进行浓缩，形成一个有一定结构、条理和内在联系的意义系统[①]，具体步骤如下。

第一，反复阅读原始资料，不断熟悉内容，仔细琢磨其中的意义和相

---

① 白芸.质的研究指导[M].北京:教育科学出版社,2002:102.

关关系。这时,研究者要尽可能地保持"价值中立",不要带有自己的价值判断,要让资料自己"说话"。但是,研究者本人的人生阅历、专业研究敏感度以及对文本阅读的能力等因素也会对理解访谈资料产生影响。在阅读过程中,研究者可以在语言层面寻找重要的词或句子以及它们所表达出的概念、命题和意蕴,寻找并梳理出资料中所呈现的主要事件、次要事件及其之间的关系,在主题层面探讨与之相关的社会、文化、经济和政治背景等。

第二,进行资料登录编码,寻找本土概念。这是将访谈原始资料打乱重构的过程,是整理的最基本程序。经过打乱、选择和重构的过程,为访谈资源赋予意义后,访谈资料会以一种新的方式重新组合在一起,逐步向研究目的靠拢。在这个过程中,研究者需要根据研究问题和资料本身呈现出的特征进行最初的取舍。这时,研究者敏锐的判断力和洞察力就显得非常重要了。

"思考单位"和"设码"是其中两个重要部分。选择思考单位就是在资料中提炼出某些有意义的内容,它们可能是频繁出现的,或是带有感情色彩的,或者可能就是受访者关注的焦点。同时,要找到和建立这些思考单位之间的内在联系,将资料浓缩和集中在研究目的上,然后赋予这些思考单位一个个代码。

在这里引用本人曾经选取的一份对三位教师(教师 A、B、C)开展访谈的资料登录分析案例来说明[①]。由于这个案例是分析中学教师是如何看待我国学校德育状况的,为此就以对学生、社会、家庭、学校四个方面的评价来进行分类;除此之外,还加上了这三位教师对学校德育的建议意见。基于此,最终确立了五个编码主题并对资料进行分类。

[①] 白芸. 质的研究指导[M]. 北京:教育科学出版社,2002:104—108.

表 2-2　质性访谈编码表

编码主题	代码
对学生思想品德的评价	1
对社会影响的评价	2
对家庭影响的评价	3
所采取的德育措施	4
对做好德育工作的意见	5

访谈者:学生的思想品德状况和以前相比有什么变化?

教师 A:我从一开始工作就担任了班主任,到现在已经 20 多年了,对学生的思想品德状况的变化比较了解。我最大的一点感受就是,学生对于文化知识的渴求比以前强了。对,不是淡漠了,而是加强了[1-1 学习动机增强]。我今年刚教完初三毕业班,以前我们的同学很多毕业时上技校就满足了,大部分奔职高、技校,将来就直接工作赚钱了。但是现在不同,就说刚毕业的这一届,报技校的学生寥寥无几[1-2 希望接受更高的教育],家长也不同意自己的孩子报技校,而是形成了一股高中热,尽管我们学校不是很好,生源不是很好,但我们的学生还是奔着高中,特别是稍微有些条件的,都奔着重点高中去,如市重点、区重点[1-3 希望上重点中学];够不上这种条件的,家长都宁愿花钱上私立高中、上中专、上职高,几乎没有人上技校。家长普遍希望孩子有个好出路[3-1 家长希望孩子获得高学历]。我觉得以往这种现象是没有的。

不足的地方,我认为,学生在吃苦方面不如以前了,任课老师也普遍反映现在的学生不能吃苦了[1-4 吃苦精神不如以前]。主要原因我认为有这么几个:现在的家长都非常疼爱孩子,对孩子的关心无微不至,孩子在家不动手,造成了孩子吃苦能力比较差[3-2家长对孩子的溺爱]。尽管孩子自己渴求上高中、上大学,但一到具体干事,他还是吃不了苦。有些作业他不会,也不去钻研,直接问人答案[1-5在学习上不肯吃苦]。在家的时候,劳动观念比较差,平常在学校里值日也是这样[1-6在劳动方面不肯吃苦],比如说值日安排该他扫地了,他们不是不打扫,而是他会分得清清楚楚,如一人一排,这排是我的,那排是你的,扫完自己的就走,没有一种合作精神[1-7缺乏合作精神]。这可能是他们参加集体活动较少,缺少一种集体主义精神,从小在家里就养成这种比较自私的品质[1-8自私]。

教师C:我刚参加工作三年。现在的学生给我的感觉是他们的竞争意识比较强[1-9竞争意识增强],他们接受社会上的一些信息的量大,接受新事物也比较快[1-10接受信息多,接受新事物快]。学生吃苦精神现在的确是很欠缺的,不愿吃苦,脏活、累活不愿意干,分工都特别明显,能不干的、能逃避的就逃避了[1-11逃避劳动]。这个现象比较严重。

访谈者:同学们有没有追求享乐、追求高消费的现象?

教师C:高消费现象不是很严重,因为我们这个地区经济不景气,好多父母都下岗了。主要表现是孩子的消费比家长高得多[1-12学生的消费高于家长],比如我上届的毕业生,到初三,男生中有些人穿名牌,从上到下一身名牌,家长本人都根本做不到的,也不可能做到。但是在孩子这儿就比较自然,他们就会花钱买名牌,今天这个学生穿一件名牌衣服,好多男生就会去谈论他这件衣服[1-13 追求名牌服装]。这种现象还是有的。

教师B：我们这个地区,农村的学生在这方面变化比较大。以前这个地区农村的学生家庭不富裕,可是改革开放以后,他们好多家通过出租房地变得富裕起来,农村的孩子,大手大脚花钱还是比较多的,显得比城里的学生还有钱[1-14 来自农村的学生花钱多于城市]。

教师C：因为现在我们这里属于城乡接合部,父母都有工作,家里也有房,像刚才这位老师说的,可以出租房子,所以经济相对就比较宽裕一些。

教师B：所以,这些学生花钱就大手大脚。我们有一次组织去香山,有个学生拿了70多元买香山的红叶[1-15 花钱大手大脚]。当时我就挺震惊的。我们大人几块钱都舍不得,他却把70多块钱全都买了香山红叶了。这个学生过生日的时候,父母会给他送一些与学习相关的礼物,比如他想要一支钢笔,家长最开始时给他20元、30元,这个学生却嫌少,他妈不给他,但他的爷爷、奶奶特别疼他,又给他50元,结果他生日的时候,因为要买一支钢笔,前后从长辈那里拿了70块钱[3-3 家长无限制地满足孩子花钱的需要],这些钱他就都花掉了。

访谈者：刚才您说的这些,除了学生的学习往比较积极的方面发展,还有什么积极的表现呢？

教师B：积极的表现就是他们不再像以前只是学习,他们现在参加学校组织的各项活动,比如唱歌、跳舞、运动会等。对这方面的热情比较高[1-16 积极参加课外活动],而且这些孩子都爱干事。哪怕当一个课代表、小组长,也感觉特别神圣,表现欲望都比较强[1-17 希望当领导,表现欲强]。他们初一刚进校做自我介绍时,我问学生:你们将来想干什么? 他们说想当经理、律师、数学老师或科学家。由此可见,现在的学生都有比较明确的职业理想[1-18 个人理想多样化]。有的学生,我问他将来想干什么。他说,找个待遇好的工作[1-19 个人职业理想的实用主义特征]。消极的表现是有的学生自己懒得写作业,但是不交作业又不行,于是就花钱雇别人写作业。15元、20元都有[1-20 花钱雇人做作业]。

访谈者:这种现象普遍吗?

教师 B:不普遍,是个别现象。不过,相伴随的是学生撒谎的情况也比较严重[1-21 说谎现象严重]。

访谈者:撒谎现象严重主要是因为家庭教育,还是由于媒体的影响呢?

教师 B:这也说不太清楚,可能有各方面的原因。比如说我刚才说到的这个花钱雇别人写作业的学生。据了解,他小时候没有在他从事教育工作的爷爷、奶奶家生活,而是在他当个体户的妈妈那里。他妈妈平时没时间管他,就给钱让他自己解决吃饭问题。而个孩子的自律性比较差,家长的忽视就养成了他抄作业并撒谎的坏毛病[3-4 父母对孩子从小缺乏关注]。

教师 A:我说说现在在思想品德教育中存在的困难。最大的困难就是学校、家庭和社会三者不能很好地融合在一起[2-1,3-5 学校、家庭和社会三者不能融合]。父母忙着去赚钱,对于孩子的成长、学习都不能及时进行帮助和指导[3-6 家长忙于赚钱,对孩子的成长和学习缺乏指导]。家长跟老师也不能配合[3-7 家长和老师不配合],他们整天忙着赚钱,找都找不到。如何把家庭、社会、学校三股力量都调动起来,都对孩子重视起来,互相配合,我认为这点很重要[5-1 家庭、社会、学校协同合作]。现在的家长都知道知识的重要性,盲目地重视智育,忽视德育,孩子是否在学校里做了不好的事情他们是不关心的[3-8 家长重智轻德]。有些家长来学校向老师了解孩子情况,先问:我们孩子学习怎么样?考试结果怎么样?他怎么考试不及格?很少有家长问:我们孩子思想表现得怎么样?是不是关心集体?是不是热爱劳动?

访谈者:您认为在德育方面出现了问题应该怎么改进?有什么建议吗?

教师B:我认为还得提倡节俭[5-2 提倡节俭],另外家长应该控制给孩子的零花钱额度。有些同学家里经济条件比较好,孩子获得零花钱太容易了,对10元、20元无所谓,所以他就养成了大手大脚的习惯。家长不能孩子一要钱就给他们[5-3 家长控制给孩子的钱]。

教师A:另外,比如说控制孩子乱花钱、比吃、比穿的问题。针对此,我们学校采取了一项措施。如这学期,我们要求学生进入学校一律穿校服。这样就减少了学生之间的攀比,甭管你有钱没钱,大家一律穿校服[4-1 用穿校服控制学生之间的攀比]。

为了保留访谈报告,体现资料的"原汁原味",研究者要尽量使用受访者常用的语言作为思考单位的码号,即他们的"本土概念"。但"本土概念"有可能是词语，或者也可能是句子。

第三，进行主轴编码和归档。根据研究主题理清访谈记录中的意义分布和相互关系，并按照一定的原则来组合成号码系统。如前面提到的对 13 位受访者关于家校共育的访谈资料所进行的主轴编码归类（如表 2-3 所示）①。

表 2-3　上海市若干小学家校合作的边界数据编码结果

主范畴	对应范畴	范畴的内涵
家校合作边界明晰	目标一致，分工明确	家校双方各司其职，分工合作，共同履行好家校合作的责任
	教育伙伴，共商共建	联结学生、教师、家长、社会四个核心因素，搭建家校合作的平台，成立"教育伙伴"团队
	角色互换，增进理解	采取家长进课堂、父母系列课程等形式，使得教师与家长之间互相交流学习，共同履行好家庭教育和学校教育的责任与义务
家校合作边界不清	学校主导，家长配合	学校存在过度包办现象，家校合作主体之间的边界不明晰，体现在教师为主导，家长配合家校合作活动
	职责不清，家长干涉	家长过度参与学校家校合作活动的现象，以及家长过度干涉教学、管理等专业性工作的行为
	能力有限，缺乏参与	一是由于家长自身能力、工作时间等问题导致缺乏参与，不能很好地履行配合学校教育的职责。二是学校提供的家校合作活动形式不符合家长或者学生的需求，导致家长缺乏参与，互为因果，使得家校合作的边界模糊

从上表对上海市若干小学的调查和访谈中可知，可以将家校合作边界情况分为以下两类。一是多数学校家校合作主体的边界明晰，家校双方各司其职，分工合作，具体表现为：家校双方目标一致，分工明确；形成了教育伙伴关系，共商共建家校合作；家长与教师角色互换，增进了彼此的理解。二是个别学校存在家校合作主体边界不清的情况，具体表现

---

① 来自本人所做课题的分析资料。

为:学校主导过多且引导不够、家长过度干涉、家长缺乏参与;个别学校出现了过度包办现象,家校合作主体之间的边界不明晰,体现在教师为主导,家长配合,学校引导不够,家长合理的参与内容和方式无法得到实现,进而影响了家校合作。

(二) 建立分析框架

访谈资料的分析框架建立一般可以以类属分析和情境分析这两种方式进行归类。

1. 类属分析[①]

类属分析是指按照资料所呈现的某个观点或主题分析,属于一个比较大的意义单位,如在"交往"这个类属概念下,有"人情""送礼""矛盾""朋友"等一些要素。类属分析就是在资料中寻找反复出现的现象以及用来解释它们的概念、术语的过程,包括对类属要素、要素之间的关系和结构、形成类属的原因以及产生的作用等的分析。

类属分析的优点在于可以将一部分访谈资料从整个情境中抽取出来,清晰地凸显出它们之间的关系,并对资料所反映的主题有强调作用。但是,各部分材料所处的具体情境如果因此而被忽视,就无法完整地反映出事物发展的动态过程,如果遇到有些重要的资料不好分类的情况,就会造成一种丢失和浪费。

2. 情境分析[②]

情境分析就是将资料置身于研究现象所处的自然情境之中,按照事件发生的时间顺序对有关事件和人物进行描述性的分析,这样可以呈现出一个整体脉络下的各部分之间的连续性。一般来说,可以以整个研究

---

① 白芸.质的研究指导[M].北京:教育科学出版社,2002:109.
② 白芸.质的研究指导[M].北京:教育科学出版社,2002:110—111.

现象中的主题、人物、事件、时间、地点或变化等内容来分析。研究者可通过轮廓勾勒、情境片段呈现、个案、访谈记录片段、观察事件、故事等手段,将一次访谈记录写成一个情境片段,也可以将对一位受访者的多次访谈资料联系起来写成一个故事,还可以将几个受访者的故事组合在一起形成一份综合个案,从而梳理出一条贯穿其中的故事线索,将故事的有关情节发展描述出来,并时刻注意把握当时的语言情境和背景,理解被访谈者的说话意图,等等。

情境分析的优点在于其更能生动地再现受访者们的声音,贴近他们的日常生活实际,符合受访者自身的意义建构方式。不过,情境分析可能会忽略掉情境中一些相似的事件的意义关系,缺少对比,使研究者被故事情境所吸引而看不到其他的分析视角。

3. 质性软件的参与分析

由于教育研究方法的发展和各种软件的使用,质性访谈的分析不仅可以采用上述人工编码分析的方式,也可以运用软件进行,最常用的就是 Nvivo 软件,该软件目前已发展到第 12 版。

研究案例"高校班主任胜任力模型的构建——基于 Nvivo 软件质性方法的案例研究"就是利用 Nvivo 软件的编码功能,将研究者对五位高校班主任受访者的访谈原始资料,通过自由节点和树状节点的方式进行了分析。

具体分析过程[①]如下。

(1) 新建项目。将整理的五份访谈文字材料导入软件,为保证数据的"原始"性,要注意非语言行为的整理与记录。

(2) 对资料进行编码与分析。仔细阅读原始资料,并进行编码。如

---

① 李赛强,路丽丽.高校班主任胜任力模型的构建——基于 Nvivo 软件质性方法的案例研究[J].教育学术月刊,2014(5):21.

果一段文字包含几个节点,则分别标记。若不能确定所属哪个树状节点,则暂列为自由节点,反之则将内容标记为某个子节点,对应放在某个树状节点下。例如,有的班主任谈道:"我觉得首先就要有责任心,这个比较重要,特别是对'90后'的学生,你要尽心去做这件事情,责任心是第一位的。"将这段内容标记为"责任心"子节点,并放置在"态度"树状节点下。

(3) 编码后,认真阅读每个节点下的所有内容,修改节点名称,合并或重组不同节点下的相似内容;研究树状节点的逻辑性,并适当调整部分子节点的位置。比如,起初编码时"动机"子节点放在"态度"树状节点下,经过深入分析,将"动机"子节点更名为"价值观"子节点,并调整到"特质"树状节点下。通过整理节点,构建出5个树状节点,17个子节点。编码之初,研究者将学业指导与专业指导分别列为不同的子节点,但对照节点涵盖的内容,发现二者比较相近,因而将两者合并。根据节点材料的来源数、参考点的数量,可以发现高校班主任对于学生个人发展以及班级建设具有重要意义。高校班主任胜任特征涉及4个树状节点,分别是"知识""技能""态度"以及"特质"。①知识维度:"只有具有良好的知识背景才能当班主任。"高校班主任应具备扎实的专业基础知识,能够在专业、学术以及学业、学习等方面为学生提供指导;同时,应掌握一定的社会心理学知识,了解大学生成长发展的规律,并能根据不同年级、不同学生的特点开展工作。②技能维度:"班主任老师起到一个桥梁的作用。"高校班主任应具备一定的组织管理能力,能有效开展班级活动并保证效果;具有良好的沟通表达能力,既要与学生个体、班级进行有效沟通,又要处理好与领导、同事、学生管理人员的关系,努力营造全员育人的环境氛围。③态度维度:"从班级到学生个人,首先要有责任心。"高校班主任应本着对学生、班级、学校负责的态度开展工作。"作为班主任应该要比较有活力。"学生的价值观多元化,班主任需要"热血沸腾",鼓励并感染学生。④特质维度:高校班主任的价值观、思想境界以及生活、学习的经历,对开展学生工作具有重要影响。从班级活动的设计、组织与开展,到大学生的培养理念,以及在思想觉悟上对学生的引导等,班主任的特质因素均具有决定性的作用。

第三章
案例分析：如何在解读与反思中建构

本章主要通过以访谈为主要方法的经典质性研究报告为案例，并对其中多个访谈片段进行分析，从而探讨：研究者是如何通过访谈来解读受访者的，是如何反思质性研究的，是如何在此基础上建构意义的。

一、《旅居者和"外国人"——留美中国学生跨文化人际交往研究》：走进他人内心世界的访谈

"理解了，一切都可以原谅；原谅了，一切都可以理解。"一打开陈向明老师这本《旅居者和"外国人"——留美中国学生跨文化人际交往研究》，其扉页上就看到这句深深打动我的话，同时，这句话也一语中的地道明了访谈的魅力。

几乎所有人类的生活经历都经过了人类意义系统的建构和过滤，由人类既存的分类方法进行分类以后而得以表现，并且因此而获得意义上的解释[1]。陈向明教授通过对九位在美

---

[1] 陈向明.旅居者和"外国人"——留美中国学生跨文化人际交往研究[M].长沙：湖南教育出版社，1998：1，(序一).

国读研究生的中国学生开展的深度访谈,辅以参与式观察和非正式交谈,历时近两年时间,完成了她的博士论文,并在其回国后出版成书。全书分为三大部分:第一部分是有关质性访谈的基本情况及受访者取样的说明;第二部分是对受访者的访谈和分析;第三部分是反思。所有的章节标题如下所示①。

第一部分　背景:研究者的故事

第一章　绪论

第二章　研究过程

第三章　研究者的思考和反省

第二部分　中景:被研究者的故事

第四章　"酸甜苦辣百味俱全":一位中国留学生的个案调查

第五章　"交往":人际关系的基本形态

第六章　"人情":人际交往的基本原则

第七章　"情感交流":人际交往的情绪倾向

第八章　"交友":人际交往的理想形态

第九章　"局外人":跨文化人际交往的特殊形态

第十章　"自尊":跨文化人际关系中的自我评价

第十一章　"变化":跨文化人际交往对个体文化身份的影响

第三部分　远景:思考的故事

第十二章　跨文化人际交往中自我和人我关系的文化

---

① 陈向明.旅居者和"外国人"——留美中国学生跨文化人际交往研究[M].长沙:湖南教育出版社,1998:目录.

建构

第十三章　跨文化人际交往中个体文化身份的重构

附录

附录一　联系信件

附录二　问卷

附录三　在中国第一次访谈的提纲

附录四　在美国第一次访谈的提纲

附录五　观察指南（以聚会为例）

主要参考书目

后记

（一）访谈取样和追踪的长历程

1."盲信"的作用

陈向明教授采用的访谈取样方式值得我们学习。她在一年时间里对九名中国留学生进行了深入细致的追踪调查。至于如何确定这九名受访者,作者是经过了一系列的准备和探索的[①]。以美国波士顿地区作为研究地点的其中一个原因是作者本人在波士顿留学,比较熟悉这一地区,便于开展研究。作者最初以电话或面谈的方式与美国波士顿地区所有研究生院的招生委员会取得了联系,介绍了自己的研究计划和目的,希望他们告知即将来就读的中国大陆学生的姓名和地址,但出于保密原则等原因,这一计划并未如愿。为此,作者写了一封"盲信",请求他们寄给这些学生以传递研究意图。

这封"盲信"发挥了重要作用。信中里面不仅有作者的自我介绍,也

[①] 陈向明.旅居者和"外国人"——留美中国学生跨文化人际交往研究[M].长沙:湖南教育出版社,1998:53—56.

有研究的计划和目的,并承诺了保密原则,表示研究结果出来之前只有征得受访者同意才最后成文。同时,作者随信附上了一份问卷用以调查留学生们的基本情况。在作者所联系的24所学院中有10所愿意合作,帮助发放"盲信",最终使作者收到了45封来自中国留学生的回信,他们均表示愿意参与这项研究。除此之外,作者还通过国内的亲朋好友联络即将来美国留学的学生,获得了两名学生的联系方式。当作者回国后,她又通过国家留学基金管理委员会与三名学生取得了联系。因此,她一共获得了50名愿意合作的学生。

2. 访谈中的对比与追踪

作者在回国之前与这50人取得联系后,综合各种因素的考虑,从中选择了20人作为初步访谈的受访者,并最终在这20人中选定了九位受访者作为本次研究的对象。整个访谈取样的过程是一种有目的的、自然选择过程,其中八名男生,一名女生。

作者先是在国内与即将去美国留学的中国学生开展了访谈和非正式交谈,用三个月的时间了解了他们在国内交朋友的情况。然后作者到了美国,随这些中国留学生来到波士顿地区,以访谈等方式追踪调查了八个月,主要是对他们来到美国以后与美国人交往的情况进行了深入详细的了解,通过横纵两方面开展了相关考察和研究[①],所有这些都是与她的研究目的紧紧相呼应的。

整个访谈过程历时一年,经过了四次访谈[②],步步深入。第一次访谈是开放式的,在访谈过程中,作者对"友谊"的定义、交友的形式和友谊对九位受访者的意义等进行了了解。一个多月之后,进行了第二次访谈,

---

① 陈向明.旅居者和"外国人"——留美中国学生跨文化人际交往研究[M].长沙:湖南教育出版社,1998:4.
② 陈向明.旅居者和"外国人"——留美中国学生跨文化人际交往研究[M].长沙:湖南教育出版社,1998:59—64.

进一步检验和探讨了第一次访谈中出现的一些概念和事实。在这其中，作者为九位受访者分别准备了访谈提纲。在进行第三次访谈时，这九名学生已经在美国三个月了，故这次访谈聚焦在来到美国的这段时间他们与美国人交朋友的经历，以及他们对"朋友"这一概念的理解所发生的变化。在进行第四次访谈时，这些留学生已经在美国八个月了，作者除了对前三次访谈中出现的一些重要概念进行澄清之外，更多是了解他们的文化认同问题。在作者撰写论文的阶段，她还组织了两次焦点团体访谈，有七名学生参加，有两人因不在美国而缺席。

访谈用语是中文，每次访谈后作者都坚持写了备忘录，以反省自己在访谈中使用的方法及其对访谈关系、过程和结果的影响。作者想要了解中国留学生到了美国以后是如何与美国人交往的，他们原有的价值观和行为方式是否发生了变化，以及他们对自己的行为和变化做何解释。这就需要一种系统、深入、长期的研究方法来实现这个目标[1]。作者在阅读文献和初步收集、分析访谈资料的基础上提出了研究问题："中国留学生来到美国以后是如何与美国人交往或交友的？这些经历对他们意味着什么？"[2]再通过深度访谈、参与式观察、非正式交谈等方法去收集更多的资料，用来分析九位受访者的跨文化人际交往。最终的研究报告采用第一人称叙事方式完成，书中的"我"是访谈者，使读者可以身临其境、感同身受地去阅读和理解整个研究过程。

（二）步步深入：两份访谈提纲中体现的访谈技术

作者在中国开展的第一次访谈的提纲里只有四个大问题，但每个问

---

[1] 陈向明.旅居者和"外国人"——留美中国学生跨文化人际交往研究[M].长沙:湖南教育出版社,1998:28—29.
[2] 陈向明.旅居者和"外国人"——留美中国学生跨文化人际交往研究[M].长沙:湖南教育出版社,1998:29.

题下面都有一系列的追问,逐步深入的具体问题如下所示(节选)。

附录三　在中国第一次访谈的提纲

1. 请您谈谈您对"朋友"这个概念的理解。

追问:

您认为什么样的人才能做您的朋友?

您认为哪些品质是做朋友的必须条件?(可靠,可信任,善良,忠厚,忠实,乐于助人,关心别人,理解人,有耐心,宽容,无私,有共同的生活态度、人生哲学、兴趣和爱好等)

2. 请您谈谈您平时是如何交朋友的?

追问:

您的朋友是谁?

您为什么喜欢他们?(有共同的兴趣、爱好、家庭背景、经历、受教育程度、性格、看法,具有以上所提到的做朋友的品质)

你们是怎么成为朋友的?(是同学/同乡/邻居/同事,同在一个运动队、文艺队/学习小组,通过朋友/家人介绍等)

你们在一起通常干什么?[聊天(聊什么?说不说心里话?什么样的心里话?)、打球(多久打一次?)、吃饭(在哪吃?谁付钱?)、看电影(怎么付钱?)、去彼此的家(什么时候开始的?先去谁家?谁先提出来的?多久去一次?)]

您的朋友遇到困难时您通常怎么办?您自己遇到困难时您通常怎么办?当你高兴/不高兴的时候,您通常做什么?

你们是如何保持友谊的?

在你们的友谊中出现过问题吗?什么问题?是如何处

理的?

你和你的朋友中断过关系吗?是如何中断的(是急剧变化还是逐渐冷淡)?为什么这么做?

3. 对您来说,交朋友的意义是什么?

追问:

有朋友对您来说意味着什么?

为什么朋友对您来说非常重要?

如果您没有朋友会是一种什么情况?

有朋友对您有什么影响?(归属感、群体感、互相依赖感、有感情上的依托、自我价值得到肯定、自信心增强、有机会与人交流、可以得到物质上的帮助、办事情方便、有机会帮助别人)

4. 您对美国有什么了解?(文化、社会、学校、人民、生活习惯、交朋友方式等)

您是通过什么途径了解到这些情况的?

附录四 在美国第一次访谈的提纲

1. 个人简历。

(1) 您来美国以后在问卷上填的情况是否有变化?

(2) 对已婚者:您的配偶/孩子也到美国来了吗?

(3) 现在您住在哪里?(和中国人同住、和美国人同住、和自己的配偶/孩子住在一起、住在学校的宿舍里)

(4) 您的护照和签证类型是什么?

(5) 您的经济来源是什么?

2. 请您谈谈您来美国以后是如何交朋友的。

追问：

您现在有朋友吗？

他们是什么人？

你们是如何成为朋友的？你们的友谊是如何建立、保持、发展和结束的？

作为朋友,你们在一起通常都干什么？〔谈论学习、参加社交活动、看电影、打球、上饭馆（如何付账？）、去朋友家吃饭（什么时候开始的？谁先提出来的？去谁家？多久去一次?）、聊天（聊什么？深入到什么程度？多久聊一次?）〕

在美国交朋友和在中国有什么不同？

您认为这些不同是如何产生的？

来到美国以后,您的交友方式有什么改变？

您在美国交朋友困难吗？有什么困难？（语言障碍、缺乏对美国文化的了解、对交朋友有不同的标准和期待、交朋友的方式不同等）

3. 请您谈谈您来美国以后对"朋友"这一概念的理解。

追问：

您认为每个人有哪些交友方式？

这些方式与您在中国交友的方式相比有什么不同？

您来到美国以后对"朋友"这个概念的理解有没有变化？如果有的话,是怎么变的？

您目前对"朋友"概念的理解以及分类与从前相比有什么不一样？

您现在交友的方式和在中国时相比有没有变化？如果有的话,是什么变化？

您认为是什么带来了这些变化？

从上述所引用的作者附在《旅居者和"外国人"——留美中国学生跨文化人际交往研究》附录部分的两份访谈提纲来看,访谈问题的预设可以不需要太多,但访谈的现场追问是有预先的准备的,这样逐步深入的一系列问题会帮助受访者思考和回答更多,从而为访谈者提供更多的线索和信息,而且整个过程是自然而然、水到渠成的。

我在研究和教学过程中,经常遇到学生求教的问题就是:在访谈过程中不知道如何追问,想不起来要追问,或者不知道追问什么。他们自己在反思时往往也觉得访谈结束后才意识到好多问题没有问,好多信息根本不知道,没有获得丰富的访谈资料。另外,访谈时长也存在问题,有时一次短暂的访谈并不能为访谈者带来更多的信息和启发,访谈者只是蜻蜓点水般地了解了一些表面情况,并没有深入下去。所以,访谈者自身在研究目的清晰度和访谈成效的把握上要有预期的思考和准备。只有这样,才能在访谈现场抓住时机从受访者那里获得尽可能多的信息,以便分析解读,从而真正理解受访者并走向意义建构。

二、《变革学校——一位中学校长的口述史》：共寻教育梦的访谈

这本书首先打动我的是后记。"历时六年多的艰辛努力，《变革学校——一位中学校长的口述史》终于可以交付了。应该说，这本书的诞生是源于两代人共同对于教育梦的追寻。研究的过程成了一种精神对话、精神成长的过程，即雅斯贝尔斯意义上的教育过程。"①

作者齐学红教授以一位中学校长为受访者，通过访谈形成了口述史研究，解读了一位校长的生活史与学校变革之间的内在关系，从中发现基础教育变革的实践路径。这本书是全国第一本研究校长的口述史，通过访谈，重点记述了他在南京外国语学校仙林分校（全书简称为"南外仙林分校"）近10多年来进行教育教学改革的历程，同时深刻探讨了民办学校的未来发展方向。

整本书的章节标题②如下所示。

引言　从校长生活史看学校变革

一、研究缘起：一个好校长就是一所好学校

---

① 钱铁锋，口述，齐学红，访谈整理.变革学校——一位中学校长的口述史[M].北京：教育科学出版社，2020:189.
② 钱铁锋，口述，齐学红，访谈整理.变革学校——一位中学校长的口述史[M].北京：教育科学出版社，2020:目录.

二、口述史研究方法的运用

三、体悟改革：学校变革的生活史视角

第一部分　校长生活史叙事

第一章　社会环境对个人成长的影响

一、在社会巨变中成长

二、农村经历的启示：教育要讲效率

三、工厂经历的启示：教育是复杂劳动

四、大学经历：发现自己适合做教育

第二章　叩问规律：教学与管理的创新实践

一、教学实践与反思

二、敢为人先：素质教育的践行者

三、上下求索：积淀办学实践经验

第二部分　创办学校：特立独行的办学之路

第三章　朝花夕拾，南外仙林分校的前世今生

一、学校的创办背景

二、办学思路：不走寻常路

三、广纳贤才：为有源头活水来

四、学校文化的诞生

第四章　披荆斩棘，办学路上举重若轻

一、资金、师资、家长：民办学校三要素

二、五项应对策略

第三部分　经营学校：遵循规律，守住教育底线

第五章　"顺其自然"，立石为记

一、"顺其自然"即遵循规律

二、"顺其自然",贵在坚持

第六章　四项教育基本原则

一、面向全体学生

二、发挥学生的主体作用

三、追求有效率的教育

四、走开放教育之路

第七章　三项中心工作

一、理想教育,德育之纲

二、教学改革,凸显特色

三、班教小组,体制创新

第八章　凸显办学特色,形式教育品质

一、外语教学:学校的核心竞争力

二、心理教育:为了孩子的身心健康

三、教育国际化:打破学校固有办学格局

四、课程是学校的"大法"

五、教师队伍建设是根本

第九章　民营学校的运作机制

一、股份制学校:办学体制的创新

二、办学优势:办学自主权的表现

三、教育惩戒权的行使

四、招生与资金运作

五、敢为人先:引领南京教育

第四部分　现实忧思:民办学校路在何方?

第十章　理论根基:教育力与教育关系

一、尊重规律：从经济看教育

二、把握教育脉搏：教育力与教育关系解读

三、以教育力为纲：教育的回归之路

第十一章　内忧外患：民办学校的生存境遇

一、当教育改革遭遇社会关系

二、现实困境：民办学校的弱势地位

三、内部忧虑：如何破解改革难题

四、改革就是跟传统作战

第十二章　改革启示录：南外仙林分校的代表性

一、教育目标：不只是把学生送进大学

二、实践智慧：办学思想的由来

三、意义追寻：寻求教育"回家"的路

四、由外而内：教育改革的第三条路径

五、外部动力：国际化对基础教育的冲击

六、思想先行：智库的重要性

七、教育信念：即使头破血流，仍不回头

附录一　他者眼中的钱校长

附录二　南京外国语学校仙林分校中学生综合素质多元评价方案（试行）

附录三　南京外国语学校仙林分校小学部学生惩戒条例

附录四　南京外国语学校仙林分校中学部理想教育纲要（试行）

后记

（一）充分体现合作的访谈

1. 访谈者及团队与受访者的融洽合作

作者与受访者通过长期合作研究建立起来的相互信任关系,是开展此次口述史访谈的重要前提。在作者提出了研究设想后,得到了这位校长的积极肯定,双方很快就商定了访谈提纲、访谈技术和时间安排表[①]。由此可见,受访者和访谈者一起制定访谈提纲,允许访谈录音,这为整个访谈工作带来了很多便利,也体现了合作双方融洽的研究关系。这本书的作者和自己的研究团队在访谈过程中的分工合作也保障了这项工作的进展。

作者从时间安排上充分考虑受访者工作的便利,先开展了一个月的集中访谈,在初步整理访谈记录之后,每周再安排半天开展三小时的访谈,进行补充完善,最终历时半年多完成了整个访谈。

作为以访谈为主的研究,作者还通过文本阅读、参与式观察、重大活动观摩以及访谈学校其他人员等方式补充研究,形成了完整的生活史访谈,受访者深度参与了研究报告成文的全过程,并提出了修订意见,经探讨和修改后形成了该书完整的结构和内容。

2. 访谈成果的共同署名

这本书同样采用了第一人称叙事的手法,但书中的"我"是那位校长受访者。同时,根据质性访谈的互惠互利原则,这本书的署名体现了共同研究的合作成果,而且是在受访者同意的前提下,以实名形式呈现了受访者本人的基本情况。所以,这本书的作者及撰著方式为:钱铁锋口述,齐学红访谈整理。这是非常典型的口述史研究成果的表现规则。但

---

① 钱铁锋,口述,齐学红,访谈整理.变革学校——一位中学校长的口述史[M].北京:教育科学出版社,2020:5.

书中也对一些敏感问题及人物、地点等信息进行了处理,以研究伦理的落实来确保受访者及相关人的权益。

(二)访谈中的"本我"和"他者"尺度

这本书始终给读者一种受访者"本我"的视角,作为访谈者的"他者"立场并没有直接在书中呈现,而是在附录一中以一篇名为《对中国基础教育生态的积极回应——评南外仙林分校和镇江市润州区的班级管理体制改革》的论文来说明。也就是说,访谈者的研究立场在受访者生活史中没有直接介入,保持了访谈中的受访者"本我"与访谈者"他者"的尺度。

作者研究团队的四位研究生在访谈全程的记录整理和初步写作过程中,也充分尊重了受访者本人的参与行为和意见建议。可以说,《变革学校——一位中学校长的口述史》充分体现了访谈是一种会话,是一种共同成长的特点。

作为口述史,书中所有的内容都经过了结构化、整体性的写作框架的呈现,而对访谈原始资料的选取性呈现相对而言则比较少,这也是一个特点。

质性访谈在教育研究中的运用,展示了其特有的魅力,也要求访谈者不断"聆听"与深入"理解"受访者的心声,移情换位地解读和分析受访者的生活世界和行为的意义建构。本书通过对两本质性访谈经典著作的导读,结合我本人的质性访谈思考与实践,以及在教学和研究中团队成员的访谈练习案例,力图为更多关注质性研究范式、关注访谈方法的学习者和研究者们提供一定的启示。

| 后 记 |

作为一名教育研究者,我对质性研究确实是情有独钟的。本书通过对两本经典的质性访谈著作的详细导读,并结合我本人开展质性访谈的一些体会和案例,呈现了质性访谈的实践技术。同时,以我国两位质性研究教育学者——陈向明教授和齐学红教授的著作为案例,分析她们运用质性访谈和通过访谈来理解受访者的方法,以及建构意义的生动过程。我在此向陈老师和齐老师表示真诚的感谢。

如何更好地撰写一本以导读经典质性访谈著作为旨要的书?如何在其中呈现质性访谈的理论、实践、技术、案例以及反思?这两个问题曾困扰了我很长时间,经过多重考虑,我决定最终以三个层面来呈现——"经典导读:两本质性访谈著作中的启示""方法技术:怎样提问、聆听与记录""案例分析:如何在解读与反思中建构"。本书中较多引用和例举了研究者们的访谈资料片段,以及使用了本人所在课题组的访谈提纲,试图更加具体、直观地说明访谈法的本土化运用技巧。

在本书构思和写作的过程中,我最要感谢的是本套丛书的主编丁钢教授。对于我而言,他不仅是这套书的总设计师,也一直是我在质性研究道路上的老师。我也要感谢华东师范大学教育学部,这本书是教育学部课程建设和教学实践的成果之一。近几年来,学部大力探索人才培养创新机制,将教育研究方法系列课程作为研究生学位基础课程中的首要内容加以建设,组建高水平师资团队开展教学,而我也有幸参与课程建设和教学工作,连续几年为研究生们进行质性研究概论的课堂教学。无论是线上教学还是线下教学,同学们始终积极参与学习,热烈地交流讨论,认真完成作业练习。在这一过程中,我也深受启发,实现了教学相长。为此,本书中体现了同学们作业材料中的一些内容及我的教学反思。在此向修读过我这门课程的每一届同学们表示感谢。特别需要指出的是,本书中还引用了梅媛媛、孙启艳、梁言、杨涛等同学的作业片段作为案例,以增强本书的实践性。

  惭愧的是,由于我的能力有限,本书有一些地方没有达成我之前预设的目标。恳请和期待广大读者对本书给予积极反馈并提出意见建议。我的邮箱地址为:byecnu@126.com。

白芸
2023 年 8 月 16 日